WEYL

Funktion und Wirkungspotential
der Raumordnung

CIP-Kurztitelaufnahme der Deutschen Bibliothek

Weyl, Heinz:
Funktion und Wirkungspotential der Raumordnung /
Heinz Weyl. – Hannover: Schroedel, 1979.
   (Veröffentlichungen der Akademie für Raum-
   forschung und Landesplanung: Abh.;
   Bd. 79)
   ISBN 3-507-91716-5

VERÖFFENTLICHUNGEN
DER AKADEMIE FÜR RAUMFORSCHUNG UND LANDESPLANUNG

Abhandlungen
Band 79

HEINZ WEYL

Funktion und Wirkungspotential der Raumordnung

HERMANN SCHROEDEL VERLAG KG · HANNOVER · 1979

Anschrift des Verfassers:
Professor Dipl.-Ing. *Heinz Weyl*
Beigeordneter a. D.
Quantelholz 40, 3000 Hannover

Best.-Nr. 91 716
ISBN 3-507-91 716-5

Alle Rechte vorbehalten · Hermann Schroedel Verlag KG, Hannover 1979
Gesamtherstellung: Druckerei und Verlagsanstalt Pohl, Celle
Auslieferung durch den Verlag

INHALTSVERZEICHNIS

Seite

Zur Einführung VII

Einleitung 1

   0.1 Aktuelles Meinungsspektrum zur Funktion von Raumordnung 1

   0.2 Ableitung des Themas 8

1. Grundlagen 9

   1.1 Interdependenzen zwischen sozio-ökonomischer Entwicklung, gesellschaftlichen Zielvorstellungen und Realisierungsmöglichkeiten 9

   1.2 Raumbedeutsame Aspekte der gesellschaftlichen Entwicklung 10

      1.2.1 Abhängigkeiten von naturräumlichen Gegebenheiten 10
      1.2.2 Herausbildung unterschiedlicher Raumtypen 13
      1.2.3 Sozio-ökonomische Differenzierungen 14

   1.3 Funktion der Raumordnung im Rahmen der gesellschaftlichen Entwicklung 16

      1.3.1 Funktionale Vorstellungen (Rollenverständnisse) 16
      1.3.2 Instrumentelle Rolle der Raumordnung in der expandierenden Gesellschaft 20
      1.3.3 Rollenveränderungen der Raumordnung bei stagnierender Wirtschaft 21

   1.4 Ausprägungen der vorherrschenden ökonomischen Entwicklung 22

      1.4.1 Mangel- und Gefährdungsfaktoren 23
      1.4.2 Innovative Veränderungen und Umwertungen 23

   1.5 Raumrelevante Ausprägungen der politischen Situation 27

      1.5.1 Politische Unsicherheiten 27
      1.5.2 Zurückbleiben des Aufgabenbewußtseins 28
      1.5.3 Fazit aus der politischen Situation 30

2. Analyse der Rollen und Rollenverständnisse von Raumordnung 32

   2.1 Prämissen und gesellschaftliche Grundlagen 32

      2.1.1 Prämissen 32
      2.1.2 Gesellschaftliche Grundlagen 33

   2.2 Bislang vertretene oder anzustrebende Rollen 36

      2.2.1 Raumordnung als übergeordneter Politikbereich 37
      2.2.2 Raumordnung als Koordinierungsaufgabe 41
      2.2.3 Raumordnung als Fachplanung besonderer Art 45
      2.2.4 Thesen zum Rollenverständnis 47

2.3 Rollenverständnis in Konsolidierungs- und Umstrukturierungsphasen 48

    2.3.1 Kennzeichnung der Situation 48
    2.3.2 Verbleibende Tätigkeitsfelder 53
    2.3.3 Verändertes Selbstverständnis 57

3. Umsetzung geänderter Rahmenbedingungen für die Raumordnung in Verwaltungshandeln auf der Ebene des Bundes 59

   3.1 Raumordnung im Außenverhältnis des Bundes 59

      3.1.1 Wahrnehmung über- und zwischennationaler Funktionen 59
      3.1.2 Koordinierung und Zielabstimmung übernationaler Entwicklungen 61
      3.1.3 Zwischenstaatliche Raumordnungspolitik und Raumforschung 62

   3.2 Raumordnung im Innenverhältnis des Bundes 63

      3.2.1 Wahrnehmung nationaler Koordinierungsfunktionen 63
      3.2.2 Überprüfung geltender und Erarbeitung fortzuschreibender und neuer Zielvorstellungen . 66
      3.2.3 Festlegung von Eckwerten und Normen für das Bundesgebiet 70
      3.2.4 Festlegung von Raum- und Standortprogrammen 72
      3.2.5 Fortschreibung der Raumordnungsberichte und des Bundesraumordnungsprogramms . . 75
      3.2.6 Koordinierung und Förderung der nationalen Grundlagenforschung auf der Ebene des Bundes 78

   3.3 Fazit für die Prioritäten des Verwaltungshandelns in der Raumordnung auf der Ebene des Bundes 79

4. Zusammenfassung 82

   4.1 Umwertungen von Rollen und Aufgabenstellungen der Raumordnung 82

      4.1.1 Zum Rollenverständnis 82
      4.1.2 Eingrenzung der Aufgabenstellung 83

   4.2 Umwertungen und Veränderungen vorgegebener Ziele und Prioritäten 84

      4.2.1 Überprüfung der „Oberziele" 84
      4.2.2 Weitere Veränderungen von Zielen und Prioritäten 85

   4.3 Wertungs- und Lösungsansätze 86
   Literaturverzeichnis 89

Zur Einführung

Die Bemühungen zur Beeinflussung des räumlichen Enwicklungsprozesses wurden in den letzten drei Jahrzehnten mit sehr unterschiedlichen Situationen und Anforderungen konfrontiert. In den Jahren des Wiederaufbaues mit wachsender Bevölkerungszahl und rascher wirtschaftlicher Entfaltung wurden die Rechtsgrundlagen, die Zielsetzungen und die Verfahrensabläufe für Raumordnung, Landesplanung, Regionalplanung und Bauleitplanung neu geschaffen oder weiterentwickelt, und es wurde versucht, auch in den Fachplanungen dem räumlichen Aspekt Geltung zu verschaffen. In jüngster Zeit haben sich nun die demographischen und ökonomischen Rahmenbedingungen verändert, und es sind Wandlungen im politischen Handlungsspielraum zu bemerken. Es erscheint daher gerechtfertigt, die Position und die Arbeitsmöglichkeit der räumlichen Planung zu überprüfen. Je nach der Intensität und der Richtung der in das System der Raumplanung gesetzten Hoffnungen und je nach den für die nächste Zukunft erkannten Notwendigkeiten werden die Ergebnisse dieser Überprüfung sehr unterschiedlich ausfallen.

Aufgabe der Akademie für Raumforschung und Landesplanung ist es, wissenschaftliche Grundlagen für die Raumordnung und Landesplanung zu erarbeiten. Da die Planung der räumlichen Entwicklung Teil des politischen Handelns ist, erscheint die Diskussion eines breiten Spektrums unterschiedlicher Ansichten notwendig. In diesem Sinne hat die Akademie mehrere Forschungsprojekte zur Untersuchung einiger Grundsatzfragen der Raumordnung und Landesplanung veranlaßt. Als erste Ergebnisse liegen nunmehr die Arbeiten von

WEYL: Funktion und Wirkungspotential der Raumordnung

HÜBLER/SCHARMER/WEICHTMANN/WIRZ: Zur Problematik der Herstellung gleichwertiger Lebensverhältnisse

KÖNIG/SCHIMANKE: Räumliche Planungen im politisch-administrativen System der Länder

vor.

Die relativ kurze Aufeinanderfolge dieser drei Arbeiten ist Zufall. Die Verantwortung für den Inhalt der Untersuchung liegt bei den Autoren. Weitere Untersuchungen zu Grundsatzfragen sind beabsichtigt. Die Akademie hofft auf eine rege Diskussion der in diesen Untersuchungen erzielten Ergebnisse und damit auf eine Klärung wichtiger Teilfragen und nicht zuletzt auf eine verbesserte Wirkungsmöglichkeit der räumlichen Planung.

Die vorliegende Arbeit wurde von der Akademie für Raumforschung und Landesplanung betreut und finanziell gefördert; inhaltlich ist sie durch manche Anregungen vor allem von Prof. Dipl.-Ing. KLAUS KUMMERER, Hannover/Oldenburg, bereichert worden.

Der Verfasser ist daher dem Präsidium und dem wissenschaftlichen Sekretär der Akademie sowie Prof. KUMMERER für ihre Anteilnahme am Zustandekommen dieser Arbeit zu Dank verpflichtet.

Einleitung

0.1 Aktuelles Meinungsspektrum zur Funktion von Raumplanung

Die soziale und ökonomische Entwicklung der Bundesrepublik ist in den letzten Jahren durch in sich gegensätzliche Erscheinungsbilder gekennzeichnet. Während die Gesellschaft als Ganzes und nach außen hin kaum noch expandiert, vollziehen sich innerhalb dieses stagnierenden Rahmens nach wie vor erhebliche Bewegungen und Umstrukturierungen sowohl im sozioökonomischen (Veränderung der Arbeitsplätze, erhöhte Arbeitslosigkeit) als auch im demographischen Bereich (Bevölkerungsrückgang, Überalterungserscheinungen), deren raumordnerische Beeinflussung aus einer Reihe von Gründen problematisch erscheint.

Im Zuge dieser Wandlungen und Veränderungen vieler als unveränderlich angesehener Tendenzen und Maßstäbe verloren die bislang geltenden Ansatzpunkte und Ziele der Raumordnung ebenfalls an Substanz und Glaubwürdigkeit, so daß auch die Auffassungen über Funktion und Wirkungspotential von Raumordnung als solcher mehr und mehr strittig wurden.

Nach einem Vierteljahrhundert angewandter Raumordnung in der Bundesrepublik Deutschland herrscht daher Unsicherheit und Uneinigkeit darüber, welche Funktionen Raumordnung unter derart veränderten Verhältnissen noch wahrnehmen kann, welche Rollen ihr in Zukunft zugeteilt werden sollten, und was von ihr unter andersartigen Rahmenbedingungen erwartet werden kann. Diese allgemeine Unsicherheit über die Möglichkeiten und Grenzen, das Selbstverständnis und die Zielfindung von Raumordnung im Rahmen einer voll entwickelten, reifen Industrie- und Dienstleistungsgesellschaft hat ihren publizistischen Niederschlag in einer großen Zahl kontroverser Meinungsäußerungen gefunden, deren Vielfalt eher Zeugnis der noch herrschenden Verwirrung zu sein scheint, als Maßstab für eine Vielzahl neuer Ansätze.

So stehen die Empfehlungen des Beirates für Raumordnung der Bundesregierung vom Oktober 1971 zu einem „Zielsystem für die räumliche Entwicklung der Bundesrepublik Deutschland"[1]) noch ganz unter dem Eindruck der andauernden Expansion und stellen wesentlich auf die Darlegung großräumiger Entwicklungsfaktoren ab. Ansätze eines Umdenkungsprozesses zeigen sich erst in dem – etwas späteren – „Zielsystem zur räumlichen Ordnung und Entwicklung der Verdichtungsräume in der Bundesrepublik Deutschland"[2]), das die funktionale Differenzierung des Raumes in den Vordergrund rückt.

Schon Anfang 1974 wies aber HEINRICH HUNKE in „Raumordnungspolitik – Vorstellung und Wirklichkeit"[3]) darauf hin, daß die bislang angewandte Raumordnungspolitik selbst in Perioden starken Wachstums – gemessen an ihren Zielsetzungen – überwiegend erfolglos geblieben sei. Für die enttäuschenden Ergebnisse macht Hunke falsche oder überzogene Zielansätze und nicht genügend differenzierte Instrumentarien verantwortlich sowie eine gleichfalls überzogene Selbsteinschätzung der Raumordnung und ihrer Möglichkeiten.

Das ‚Bundesraumordnungsprogramm' (BROP) von 1974/75 war noch in Wachstumsphasen konzipiert worden, doch fiel seine Fertigstellung bereits in die beginnende Stagnationsphase[4]).

---

[1]) „Zielsystem für die räumliche Entwicklung der Bundesrepublik Deutschland", Empfehlung des *Beirates f. Raumordnung*, v. 28.10.1971, Bonn 1972.
[2]) „Zielsystem zur räumlichen Ordnung und Entwicklung der Verdichtungsräume in der Bundesrepublik Deutschland", Empfehlung des *Beirates für Raumordnung* vom 14.9.1972, Bonn 1972;
[3]) H. HUNKE: „Raumordnungspolitik – Vorstellung und Wirklichkeit", Hannover 1974;
[4]) „Bundesraumordnungsprogramm", Schriftenreihe des BMBau 06.002, 1975;

Entsprechend sind weite Teile dieses ersten Raumordnungsprogramms der Bundesrepublik charakterisiert durch das Dilemma zwischen raumordnungspolitischen Ansprüchen (wie vor allem der Interpretation des grundgesetzlichen Auftrages zur Gewährleistung einheitlicher Lebensbedingungen als Ausgleich räumlicher Disparitäten) und der beginnenden Einsicht, daß solche Zielvorstellungen aus Mangel an Bevölkerungs- und Wirtschaftspotentialen nicht oder nur auf Kosten bestehender Strukturen in anderen Räumen zu verwirklichen wären[5]).

Die von HUNKE dargelegte Einsicht in das – grundsätzliche – Ungenügen der bislang verfolgten Raumordnungspolitik zieht sich als roter Faden auch durch die Empfehlungen des Beirats für Raumordnung vom 12.3.1974[6]), vom 3.7.1974[6a]) und vom 16.6.1976[7]).

In der Empfehlung vom 12.3.1974 übt der Beirat Kritik an den Zielsystemen und instrumentellen Ansätzen der seinerzeit vorliegenden Fassung des Entwurfs zum Bundesraumordnungsprogramm[8]), während die folgende Empfehlung vom 3.7.1974 neben einer abgemilderten Kritik an der endgültigen Fassung des BROP stärker auf die Darstellung solcher raumwirksamer Bereiche und Sachverhalte abstellt, die der Bund nach Auffassung des Beirates wahrzunehmen hätte, aber bislang nicht oder nur bedingt wahrgenommen hat.

Die Empfehlung vom 16.6.1976 setzt sich aus mehreren Stellungnahmen zusammen, darunter die über „die Gültigkeit der Ziele des Raumordnungsgesetzes und des Bundesraumordnungsprogramms unter sich ändernden Entwicklungsbedingungen"[9]). In dieser Stellungnahme kommt der Beirat zu dem Ergebnis, daß zwar die Ziele des Raumordnungsgesetzes nach wie vor Bestand haben, daß sie aber einer Interpretation bedürfen, die die seit der Entstehung des Gesetzes veränderten Entwicklungsbedingungen der Bundesrepublik berücksichtigt.[10]).

Im Rahmen dieser Neuinterpretation weist der Beirat auf die inzwischen sichtbar gewordenen Grenzen aber auch Lücken der bislang verfolgten Raumordnungspolitik hin und fordert insoweit eine Ergänzung der bisherigen, überwiegend sozialstaatlich motivierten Ziele der Raumordnung durch ökologische und ökonomisch-funktionale Komponenten (funktionsräumliche Ordnungsvorstellungen)[11]).

Das Gutachten der *Kommission für wirtschaftlichen und sozialen Wandel*[12]), das 1977 (verspätet) veröffentlicht wurde, unterzieht die bislang geübte Raumordnungspolitik des Bundes einer in weiten Teilen grundsätzlichen Kritik und stützt sich dabei u. a. auf die in ihrem Auftrag erarbeiteten Schriften von ULRICH BRÖSSE „Raumordnungspolitik als integrierte Entwicklungs-

---

[5]) S. a. Bundesraumordnungsprogramm, III/1.1, S. 42;

[6]) *Beirat für Raumordnung:* Stellungnahme zum Entwurf eines Bundesraumordnungsprogramms vom 12.3.1974, nicht publiziert;

[6a]) *Beirat für Raumordnung:* Stellungnahme zum Entwurf des Bundesraumordnungsprogramms vom 3.7.1974. In: Raumordnungsbericht 1974, Anhang 7; Schriftenreihe BMBau 06004, Bonn 1975;

[7]) *Beirat für Raumordnung:* Empfehlungen vom 16.6.1976, Der Bundesminister für Raumordnung, Bauwesen u. Städtebau, Bonn 1976;

[8]) Diese Stellungnahme wurde im Einvernehmen mit dem Minister nicht publiziert; die entspr. Anregungen des Beirates sind in die endgültige Fassung des BROP eingegangen;

[9]) *Beirat für Raumordnung:* Empfehlungen vom 16.6.1976, S. 9–26;

[10]) S. oben: S. 14 ff;

[11]) S. oben: S. 24 ff (Ziffer 3.3);

[12]) Kommission für wirtschaftlichen und sozialen Wandel: „Wirtschaftlicher und sozialer Wandel in der Bundesrepublik Deutschland", Gutachten der Kommission, Göttingen 1977;

[13]) U. BRÖSSE: „Raumordnungspolitik als integrierte Entwicklungspolitik", Bd. 97 der Schriften der Kommission für wirtschaftlichen u. sozialen Wandel, Göttingen 1975.

politik"[13]) und von K. KUMMERER, N. SCHWARZ und H. WEYL „Strukturräumliche Ordnungsvorstellungen des Bundes"[14]). Die Kommission kommt in ihrem Gutachten zu dem Ergebnis, daß die bisherige Raumordnungspolitik ineffizient war, von fehlerhaften Grundannahmen ausgegangen ist und dazu überhöhte Ansprüche gestellt hat, die „aus finanziellen, ökologischen, technologischen und sozio-ökonomischen Gründen nicht realisierbar" seien[15]).

Die Kommission hält es auch für erforderlich, das Ziel ‚Schaffung gleichwertiger Lebensbedingungen in allen Teilräumen' neu zu interpretieren. Sie begründet ihre Auffassung damit, daß „die offizielle Raumordnungspolitik der letzten zwanzig Jahre ... einer Entwicklung der Siedlungsstruktur entgegenzuwirken (versuchte), deren Ursachen außerhalb des Kompetenzbereiches der offiziellen Raumordnungspolitik lagen"[16]).

Schließlich hält die Kommission „es für notwendig zu überprüfen, inwieweit die alten, funktional nicht oder kaum noch nutzbaren Siedlungsstrukturen erhalten und ausgebaut oder ihnen neue Funktionen zugewiesen werden sollen"[17]).

Die Bundesregierung hat dazu am 12.4.1977 eine Erklärung vor dem Bundestag[18]) abgegeben, in der sie wesentliche Teile der Kritik der Kommission an ihrer Raumordnungspolitik – z. T. unter Berufung auf die oben angeführten Stellungnahmen des Beirates für Raumordnung – zurückweist und u. a. betont, daß „das Ziel der Raumordnungspolitik, gleichwertige Lebensbedingungen in allen Teilräumen der Bundesrepublik Deutschland zu sichern, ... für die Bundesregierung nach wie vor Gültigkeit" hat[19]). Während die Bundesregierung demnach keinen schlüssigen Grund sieht, von der bislang verfolgten Raumordnungspolitik abzugehen, läßt sie offen, ob bzw. inwieweit eine Ergänzung des z. Z. geltenden Raumordnungsrecht erforderlich werden könnte[20]).

Zeitlich noch vor dieser Erklärung der Bundesregierung haben F. BUTTLER, K. GERLACH und P. LIEPMANN in ihren „Grundlagen der Regionalökonomie"[21]) nachgewiesen, daß die Realisierung wesentlicher Ziele der Raumordnungspolitik, wie vor allem ein wirksamer Abbau räumlicher Disparitäten schon allein aus ökonomischen Gründen ohne Infragestellung der geltenden Wirtschaftsordnung nicht möglich ist.

Diese umfassende substanzielle Kritik am Anspruch der Raumordnung begründen sie zunächst damit, „daß die aus einem gesellschaftspolitischen Leitbild abgeleiteten Zielbestimmungen der Raumordnung ... Leerformeln blieben"[22]), und daß „die Steuerungskapazität des politischen Systems bezüglich der regionalen Entwicklung ... einer doppelten Restriktion (unterliegt): Es werden Parameter verwendet, die sich als ineffizient im Sinne einer Realisierung der angestrebten Ziele erwiesen haben, d. h. wesentliche Determinanten der regionalen Entwicklung überhaupt nicht erfaßt; ... diese Determinanten (könnten) über Steuerungspara-

---

[14]) K. KUMMERER, N. SCHWARZ, H. WEYL: „Strukturräumliche Ordnungsvorstellungen des Bundes", Bd. 102 der Schriften der Kommission, Göttingen 1975.
[15]) „Wirtschaftlicher und sozialer Wandel in der Bundesrepublik Deutschland", Gutachten der Kommission, 3.1.4, S. 323.
[16]) Ebenda: 4.1.1, S. 327.
[17]) Ebenda: 4.1.1, S. 327.
[18]) Deutscher Bundestag, 8. Wahlperiode, Drucksache 8/275, v. 14.4.77.
[19]) Ebenda: Ziffer 2, S. 3.
[20]) Ebenda: Ziffer 12, S. 8.
[21]) F. BUTTLER, K. GERLACH, P. LIEPMANN: „Grundlagen der Regionalökonomie", Reinbek b. Hamburg, 1977.
[22]) Ebenda: S. 123.

meter dennoch nicht beeinflußt werden, weil dann Grundprinzipien der Wirtschaftsordnung . . . in Frage zu stellen wären"[23]).

In dem juristischen Kurzlehrbuch „Das öffentliche Bau- und Bodenrecht, Raumplanungsrecht"[24]) vertritt auch WERNER ERNST die Auffassung, daß „die Raumordnung ihrem Wesen nach eine Koordination von staatlichen Aktivitäten ist, aber keine eigenen Ausführungsmöglichkeiten besitzt"[25]). An anderer Stelle billigt er auch dem Bundesraumordnungsprogramm nur begrenzte Bedeutung zu: „Die rechtliche Wirkung des Bundesraumordnungsprogramms ist gering. Als ein Programm der Koordination sollen es die Fachplanungen der Bundesressorts sowie die Landesplanung in den Ländern beachten. Das Programm ist also nicht mehr als eine Orientierungshilfe"[26]).

Der gleiche Autor vermerkt aber in seinem Aufsatz „Zur staatlichen Verantwortung für umweltbelastende Entscheidungen"[27]): „Es bleibt zu klären, inwieweit die vom Bundesverfassungsgericht . . . bestätigte Kompetenz des Bundes für die Raumordnung im Bundesgebiet kraft Natur der Sache geht, es bleibt zu klären, wieweit die Rahmenkompetenz des Bundes durch das Bundesraumordnungsgesetz ausgeschöpft ist oder hier als Rahmenregelung ergänzende Regelungen möglich sind . . ."[28]). Damit scheint ERNST anzudeuten, daß die Kompetenzen des Bundes in der Raumordnung u. U. noch nicht voll ausgeschöpft sind, eine Meinung, die – wenn auch in anderem Zusammenhang – von dem Beirat für Raumordnung geteilt wird[29]).

Hier vertritt ERNST auch die Auffassung, daß „Planung in allen ihren Ausfächerungen, also auch als Raumplanung . . . einen immer höheren Rang in der Prioritätenliste staatlichen Handelns einnehmen wird . . . Denn nur durch planvolles Handeln kann der Staat den raschen Wandel von Gesellschaft und Wirtschaft steuern, in dem wir mitten drin stehen"[30]). Damit setzt er aber Zeichen im Sinne einer potentiellen Neubewertung der Möglichkeiten von Raumordnung, denen nachzugehen sein wird.

Etwa zu gleicher Zeit beurteilt GERHARD STIENS in seiner Arbeit „Alternative Gesichtspunkte zur großräumigen Bevölkerungsentwicklung"[31]) die bislang vorgelegten Zielansätze zur Beeinflussung der großräumigen Bevölkerungsentwicklung grundsätzlich danach, inwieweit sie zur Erreichung des sozialstaatlich motivierten Oberziels eines Ausgleichs räumlicher Disparitäten beitragen. Im Gegensatz zu BUTTLER, GERLACH und LIEPMANN scheint er dabei von der grundsätzlichen Realisierbarkeit eines solchen raumordnungspolitischen Oberziels auszugehen und verurteilt entsprechend alle raumordnungspolitischen Ansätze, die – sei es durch Abstützung auf polarisationstheoretische Konzeptionen, durch Festlegung von Vorrangräumen oder durch die Propagierung funktionsräumlicher Arbeitsteilungen – von diesem sozialstaatlichen Oberziel abzugehen oder dieses doch abzuwandeln scheinen[32]).

---

[23]) Ebenda: S. 165.
[24]) W. ERNST/W. HOPPE: „Das öffentliche Bau- und Bodenrecht, Raumplanungsrecht", München 1978.
[25]) Ebenda: Ziffer 3.3, S. 15.
[26]) Ebenda: Ziffer 4.8, S. 44.
[27]) W. ERNST: „Zur staatlichen Verantwortung für umweltbelastende Entscheidungen". In: ‚Baurecht', 1978;
[28]) Ebenda.
[29]) *Beirat für Raumordnung*, Stellungnahme vom 3.7.1974, Ziffer 1.1, 1.4. In: ‚Raumordnungsbericht 1974', Anhang 7, S. 169 f.
[30]) W. ERNST, s. oben, ebenda.
[31]) G. STIENS: „Alternative Gesichtspunkte zur großräumigen Bevölkerungsentwicklung". In: ‚Informationen zur Raumentwicklung', Heft 12/1977, S. 889 ff.
[32]) Ebenda: S. 894, Ziffer 6.

In diesem Zusammenhang wirft er den Verfassern von Entwicklungstheorien, die von einer stärker differenzierten Entwicklung der Teilräume der Bundesrepublik ausgehen, vor, „daß die Angehörigen bestimmter regionaler Bevölkerungen zu ihrem grundgesetzlichen Recht auf Freizügigkeit, auf Freiheit in der Wohnort- und Arbeitsplatzwahl, gezwungen werden müßten"[33]) und wertet auch die von mehreren Seiten [34]) geäußerten Befürchtungen, wonach – wenn nichts dagegen getan werde! – mit einer weiteren Konzentration von Bevölkerung und Arbeitsplätzen entlang der Rheinschiene (und in den Räumen Stuttgart und München) gerechnet werden müsse, in Aufnahme einer Formulierung von BERRY als „konservative Voraussagen, da diese Autoren nur sagen, daß das, was ist, auch künftig sein wird, nur in einem etwas größeren Ausmaß"[36]).

STIENS' eigene Vorschläge zu einer alternativen Entwicklung der Siedlungsstruktur der Bundesrepublik bleiben dagegen eigentümlich diffus. Andeutungsweise meint er, selbst solche nordamerikanischen Ansätze nicht verwerfen zu sollen, die auf „einen Zustand weitestgehender Dezentralisierung bzw. Dispersion in der räumlichen Verteilung der Bevölkerung (für die USA)" abstellen[37]. Als Gegenposition zu der aus sozialstaatlichen Motiven bekämpften ‚Konzentrationstheorie' wird hier selbst eine völlig disperse Siedlungsstruktur (also die allgemeine Zersiedlung) nicht mehr ausgeschlossen!

Die „Vorschläge für eine arbeitnehmerorientierte Raumordnungs-, Regional- und Kommunalpolitik"[38]), die Ende 1977 von einer größeren Zahl von Planern, Wissenschaftlern und Gewerkschaftlern vorgelegt (oder doch mitunterzeichnet) wurden, enthalten eine – grundsätzlich angelegte – Kritik nicht etwa an den Zielen, sondern an den Instrumentarien der bislang verfolgten Raumordnungspolitik, die in Form von überwiegend gesellschaftspolitisch motivierten Thesen vorgetragen wird. Diese einseitig gesellschaftspolitische Grundtendenz der ‚Vorschläge' mag die Ursache dafür sein, daß räumliche, technologische und so gut wie alle nicht-gesellschaftspolitischen Komponenten der Entwicklung ausgeklammert wurden.

So führen die Verfasser der ‚Vorschläge' das sich verstärkende Ungleichgewicht in den räumlichen Nutzungen in der Bundesrepublik auf die „rücksichtslose Nutzung gegebener Standortvorteile durch private Investoren"[39]) zurück und schließen daraus, daß diese negative Entwicklung nur dann gestoppt bzw. geändert werden könne, wenn „die allgemeine Wirtschafts- und Gesellschaftspolitik . . . entsprechend umgestaltet wird"[40]). Daraus ergibt sich aber, daß die Autoren den gesellschaftlichen Bezugsrahmen der Bundesrepublik sprengen zu müssen glauben, nur um das vorgegebene raumordnerische Zielsystem dieser selben Gesellschaft verwirklichen oder eben beibehalten zu können[41])!

---

[33]) Ebenda, S. 891, Ziffer 2.
[34]) S. a. *Beirat für Raumordnung*: Stellungnahme vom 16.6.1976, S. 18; s. a. W. ERNST/W. HOPPE: „Das öffentliche Bau- und Bodenrecht, Raumordnungsrecht" ebenda, § 1, S. 11 f; s. a. K. KUMMERER, N. SCHWARZ, H. WEYL: „Strukturräumliche Ordnungsvorstellungen des Bundes", ebenda, S. 196 ff.
[36]) G. STIENS: „Alternative Gesichtspunkte . . ." ebenda, S. 894 f.
[37]) Ebenda, S. 895.
[38]) „Vorschläge für eine arbeitnehmerorientierte Raumordnungs-, Regional- und Kommunalpolitik", Köln 1977.
[39]) Ebenda: S. 8.
[40]) Ebenda: S. 8, Ziffer 4.
[41]) S. a. K.-H. HÜBLER: „Arbeitnehmerorientierte Raumordnungspolitik – Scheinalternative oder Aufbruch zu neuen Ufern?" In: Raumforschung und Raumordnung, 36. Jahrg. Heft 1/2, April 1978, S. 75 ff.;

Demgegenüber sind „Ansatzpunkte einer arbeitsorientierten Raumordnungs- und Regionalpolitik"[42], die auf dieser grundsätzlichen Kritik der bestehenden Wirtschaftsordnung aufbauen, recht konventionell formuliert und beschränken sich im kurzfristigen Teil auf Vorschläge zur Verbesserung der Information und der Koordinierung zwischen den Ressorts und auf bessere Einsatzmöglichkeiten öffentlicher Institutionen in benachteiligten Räumen.

Als weiterreichende und längerfristige Maßnahmen schlagen die Verfasser staatliche Eingriffe in die Standortentscheidungen der Privatwirtschaft in Form von Geboten und Verboten vor aber auch ein stärkeres Engagement des Staates, um durch „entsprechende Gestaltung des Steuersystems und der Finanz- und Investitionsplanung die raumgestaltende Potenz der öffentlichen Finanzwirtschaft gezielter zur Geltung zu bringen"[43].

Angesichts der Schärfe der vorgetragenen, gesellschaftspolitisch motivierten Kritik ist dieses Resultat eher bescheiden. Es mag sich daraus erklären, daß die Verfasser ihre Kritik nicht gegen die bestehenden Ziele der Raumordnung gerichtet wissen wollen, sondern gegen die unbefriedigende Art der Durchführung und gegen das dafür verwendete Instrumentarium. Entsprechend begnügen sie sich im Endeffekt mit einer nur instrumentell verbesserten Neuauflage der alten Ziele und der dazu formulierten Politik, wenn auch in progressiverem Gewand[44].

In der etwa gleichzeitig erschienenen Arbeit von KARL GANSER „Großräumige und kleinräumige Konflikte in der Verteilung von Arbeitsplätzen"[45] untersucht der Autor den Verteilungskonflikt um das knapp gewordene Entwicklungspotential zwischen den Regionen und Gemeinden der Bundesrepublik und die – verbliebenen – Möglichkeiten der Raumordnung bei der Mitwirkung oder gar Steuerung der damit verbundenen raumbedeutsamen Prozesse.

Gestützt auf ein sorgfältig aufbereitetes Datenmaterial kommt er zunächst zu dem Ergebnis, daß das überhaupt noch verteilbare Potential überschätzt wird und daß insbesondere die Mobilisierungsfähigkeit vorhandener ökonomischer wie auch demografischer Potentiale recht zweifelhaft ist.

GANSER geht sodann den Motiven des Wettbewerbs zwischen den Gemeinden um die Erlangung zusätzlicher Potentiale nach und kommt zu der Aussage, daß „die tatsächlichen Beträge (des erzielten Nutzens für die Gemeinden) offensichtlich überschätzt (werden). Modellrechnungen . . . zeigen, daß die Gewinne bzw. die Verluste im Vergleich zum Gesamtumfang der kommunalen Haushalte bescheiden sind"[46].

Die mit Daten belegte Analyse der Gründe der Standortwahl von Unternehmen führt den Verfasser auch zu einer sehr skeptischen Beurteilung der Wirksamkeit der bislang entwickelten Fördermaßnahmen. Denn „keine der derzeit praktizierten Fördermaßnahmen ist offensichtlich in der Lage, Aufbruchentschlüsse herbeizuführen und damit das mobile Potential zu erhöhen"[47]. Entsprechend vertritt er die Auffassung, daß auch die Lenkbarkeit von Standortentscheidungen überschätzt wird.

Wenn also auch GANSER die Ziele der bisher geübten Raumordnungspolitik ebensowenig in Frage stellt wie BUTTLER, GERLACH, LIEPMANN oder – in anderer Position – die Verfasser der ‚Vorschläge', so macht er um so deutlicher, daß und warum diese Ziele mit dem z. Z. vorhan-

---

[42] Ebenda: S. 20 ff., Ziffer V.
[43] Ebenda: S. 24.
[44] Ebenda: S. 23 ff.
[45] K. GANSER: „Großräumige und kleinräumige Konflikte in der Verteilung von Arbeitsplätzen". In: ‚Stadtbauwelt 57', März 1978.
[46] Ebenda: S. 26 (438).
[47] Ebenda: S. 27 (439).

denen Instrumentarium der Raumordnung nicht erreicht werden können. Die Notwendigkeit einer veränderten Rolle der Raumordnung angesichts einer solchen Situation wird von ihm allerdings höchstens zwischen den Zeilen angesprochen[48]).

Von ähnlicher Skepsis in bezug auf die Wirksamkeit raumordnerischer Maßnahmen im allgemeinen und der der Regionalplanung im besonderen ist auch eine Publikation von JOCHEN SCHULZ ZUR WIESCH „Regionalplanung ohne Wirkung? – Überlegungen zur Situation der übergemeindlichen Planung"[49]) geprägt, die gleichfalls Anfang 1978 erschienen ist.

Auch dieser Autor beschäftigt sich mit den meist negativen Auswirkungen schrumpfender Entwicklungspotentiale auf die Wirksamkeit der Raumordnung bzw. „die wachsende Diskrepanz zwischen formulierten Zielen und realer Entwicklung sowie zwischen Steuerungsbedarf und Steuerungspotential"[50]) und begründet dies ähnlich wie die vorerwähnten Autoren. Darüber hinaus untersucht er aber mehrere raumordnerische Entwicklungskonzeptionen, die auf mehr oder minder grundsätzliche Art von den bisher verfolgten Zielen abweichen bzw. geeignet scheinen, diese zu ergänzen.

Einige davon – wie eine agglomerationsorientierte Regionalpolitik oder die kleinräumige Zentrale-Orte-Konzeption – klassifiziert er als ‚konservative Postulate' ein, weil sie auf den weiteren Ausbau bzw. „die Bewahrung einer historisch entstandenen Siedlungsstruktur gerichtet sind"[51]). Andere – wie das Konzept der ‚ausgeglichenen Funktionsräume' – scheinen ihm mögliche Kompromisse darzustellen, während er den neueren Vorstellungen, die auf funktionsräumliche Arbeitsteilungen abstellen, zunächst mit Reserve – großräumig verstandenen Konzeptionen mit Ablehnung – gegenübersteht[52]).

Dabei konzediert SCHULZ ZUR WIESCH, daß „eine ‚neue Lage' für die Raumordnungspolitik dadurch entstanden (ist), daß die trendbestimmenden Faktoren der Raumentwicklung die langfristige Ausbildung von Disparitäten einschneidend verschärft haben"[53]). Aber offensichtlich hält sich auch diese Feststellung des Autors auf dem Boden bzw. im Rahmen des alten ‚Oberziels' des Disparitätenabbaus, so daß die ‚neue Lage' für ihn nach wie vor instrumenteller und nicht grundsätzlicher Art ist.

Dieses Verharren auf den Grundlagen der bislang angehaltenen raumordnerischen Zielvorstellungen ist sicherlich auch der Grund für seine scharfe Ablehnung jeder großräumigen funktionalen Arbeitsteilung. Denn wenn er argumentiert „doch stünde die Raumordnung mit dem Konzept einer großräumigen raumfunktionalen Arbeitsteilung vermutlich vor ihrer völligen Selbstaufgabe"[54]), übersieht er, daß diese funktionsräumlich bestimmten Konzeptionen eben nicht auf den grundsätzlich egalisierenden Vorstellungen des alten Oberziels aufbauen, sondern auf die Optimierung der unterschiedlichen Begabungen der einzelnen Teilräume gerichtet sind und insoweit erst in zweiter Linie instrumentelle Verbesserungen anstreben, primär dagegen solche von Funktion, Rollenverständnis und Zielsetzungen der Raumordnung[55]).

---

[48]) Ebenda: S. 28 (440).
[49]) J. SCHULZ ZUR WIESCH: „Regionalplanung ohne Wirkung? – Überlegungen zur Situation der übergemeindlichen Planung". In: ‚Archiv für Kommunalwissenschaften', 1. Halbjahresband 1978.
[50]) Ebenda: S. 22.
[51]) Ebenda: S. 26.
[52]) Ebenda: S. 26 ff.
[53]) Ebenda: S. 36.
[54]) Ebenda: S. 28 f.
[55]) S. a. *Beirat für Raumordnung*, Empfehlungen v. 16.6.1976, S. 24 f; s. a. B. DIETRICHS: Präambel zum Arbeitsprogramm des Arbeitskreises ‚Funktionsräumliche Arbeitsteilung im Bundesgebiet' der Akademie für Raumforschung und Landesplanung; noch nicht publiziert.

Die hier zusammengetragenen Meinungsäußerungen und Analysen unterschiedlichster Herkunft über Wert und Unwert der Raumordnung unter geänderten Verhältnissen zeichnen sich bei allen sonstigen Unterschieden ihres Standortes, ihrer Auffassungen und Arbeitsansätze durch einen bemerkenswerten und erstaunlichen Konsens im analytischen Bereich, nämlich in bezug auf die Ineffizienz der bislang versuchten Raumordnung aus. Dieser Konsens ist so vielfältig begründet und resultiert aus derart verschiedenartigen analytischen Ansätzen, daß sein sachlicher Wahrheitsgehalt kaum noch in Frage gestellt werden kann.

Danach fallen allerdings die Auffassungen der zitierten Autoren um so stärker auseinander, je nachdem, ob sie instrumentelle oder eher zielorientierte Fixierungen in den Vordergrund stellen; und auch innerhalb dieser beiden Grundansätze gibt es noch genug Spielraum für recht unterschiedliche Bewertungen. Notwendig wäre daher eine Zusammenschau der beiden Aspekte, da es allein mit der kritischen Analyse nicht sein Bewenden haben kann.

0.2 Ableitung des Themas

Dieser deutliche Dissens über das Rollen- und Wirkungsverständnis von Raumordnung in einer komplizierter gewordenen Entwicklungsphase unserer Gesellschaft muß sich notwendigerweise nachteilig auch auf die räumlichen Ordnungs- und Zielvorstellungen für eine derart veränderte Gesellschaft auswirken.

Im Rahmen dieser Arbeit wird daher versucht werden, Funktionen, Rollenverständnis und Wirkungspotential einer Raumordnung unter den geänderten Rahmenbedingungen der eingetretenen (und weiter zu erwartenden) gesellschaftlichen und wirtschaftlichen Entwicklung zu überdenken und – soweit nötig und möglich – auch neu zu formulieren. Als Ansatz dazu sollen die möglichen Positionen der Raumordnung in der Bundesrepublik dargestellt und analysiert und auftretende bzw. sichtbar werdende Diskrepanzen offengelegt werden.

Zur Verdeutlichung und gleichzeitig als Grundlage für die angestrebte Erarbeitung fortgeschriebener Rollenbilder für die Raumordnung in der Bundesrepublik werden zunächst die Interdependenzen zwischen sozio-ökonomischer Entwicklung, gesellschaftlichen Zielvorstellungen und deren Realisierungsmöglichkeiten untersucht werden sowie die raumbedeutsamen Aspekte der gesellschaftlichen Entwicklung, aus denen die Funktionen der Raumordnung mit ihren u. U. in sich kontroversen Komponenten abzuleiten wären.

Dieser erste Ansatz wird ergänzt durch die Darstellung der raumbedeutsamen Ausprägungsformen der vorherrschenden ökonomischen Enwicklung und solcher räumlichen Ausprägungen, die ihre Ursache in politischem Handeln haben.

Der zweite Teil der Arbeit befaßt sich mit der Analyse von Rollen und Rollenverständnis der Raumordnung in der Bundesrepublik, unterteilt nach bislang verfolgten oder doch angestrebten Rollen und dem – wie behauptet – unsicheren und ungefestigten Rollenverständnis in Konsolidierungsphasen.

Aus diesen Darlegungen sollen im dritten Teil der Arbeit Vorschläge für Tätigkeitsfelder der Raumordnung in der Bundesrepublik unter den komplizierter gewordenen Rahmenbedingungen von Konsolidierungs- bzw. Umstrukturierungsphasen erarbeitet werden.

1. Grundlagen

1.1 Interdependenzen zwischen sozio-ökonomischer Entwicklung, gesellschaftlichen Zielvorstellungen und Realisierungsmöglichkeiten

Funktion und Wirkungspotential von Raumordnung stehen offenbar in einem mehrfach wirksamen Wechselverhältnis, einmal zu den geltenden gesellschaftlichen Zielvorstellungen des betreffenden Landes, und zum anderen auch zu dessen ökonomischer Entwicklung, deren Tendenzen und Schwerpunkten. Während die Vereinbarkeit oder Nichtvereinbarkeit dieser beiden Wirkungsreihen in bezug auf ihren Niederschlag in der Raumordnung noch gesondert untersucht werden soll, ist hier zunächst zu klären, inwiefern die a priori anzunehmenden Interdependenzen zwischen der Formulierung gesellschaftspolitischer Zielvorstellungen einerseits und Art und Umfang der ökonomischen Entwicklung andererseits auf die Realisierungsfähigkeit und -möglichkeit der ersteren durchschlagen, bzw. welcher Art die vorausgesetzten Interdependenzen sind und welche generellen Folgerungen aus ihnen gezogen werden können.

Hierzu wird vorab die These aufgestellt, daß gesellschaftspolitische Ziele mit Reformansprüchen, also mit Ansprüchen, die eine Umverteilung von Gütern oder sonstigen Werten beinhalten, oder die höhere oder zusätzliche Leistungen des Staates im Sinne einer Verbesserung der allgemeinen Lebensumstände etwa durch bessere Ausbildung und vermehrte soziale Angebote zum Ziele haben, in ihren Realisierungsmöglichkeiten davon abhängen, ob die dafür erforderlichen Verteilungspotentiale vorhanden sind, oder – sofern das nicht der Fall sein sollte – ob der dann unabdingbar werdende Umverteilungsprozeß politisch konsensfähig ist.

Sofern die betreffenden Reformen im Rahmen des geltenden Gesellschafts- und Wirtschaftssystems durchgeführt werden sollen, also ohne Infragestellung der vorhandenen Besitzverhältnisse und unter Verzicht auf Umverteilung von Beständen oder auf Eingriffe in geltende Rechtsverhältnisse, ist die Realisierung nur möglich, wenn ökonomische, u. U. auch demographische Potentiale vorhanden und verfügbar sind oder geschaffen werden können, die als (Um-)Verteilungsmasse zur Durchführung der angestrebten sozialpolitischen Ziele eingesetzt werden können[56]. Geht das Volumen der dafür in Frage kommenden Verteilungspotentiale zurück, vermindert sich auch die Realisierungsmöglichkeit der daraus zu speisenden Reformziele. Sind solche Potentiale nicht (mehr) vorhanden und auch nicht zu erarbeiten, versiegen die Möglichkeiten von Abschöpfungen vollends, und selbst schwerpunktbildende Kanalisierungen von Teilpotentialen werden undurchführbar. Diese – eigentlich selbstverständliche – Feststellung gilt im Grunde für alle, also nicht nur für die ökonomischen Ressourcen[57].

Anders verhält es sich, wenn zur Durchsetzung der betreffenden Ziele auch – systemkonforme – Eingriffe in vorhandene Bestände und Rechtsverhältnisse nicht ausgeschlossen zu werden brauchen. In solchen Fällen wären Ziele, wie etwa Reformvorstellungen, auch auf Kosten anderer – ökonomischer, sozialer oder sonstiger – Besitzstände oder Prioritäten durchzusetzen, wenn auch unter Inkaufnahme von nur z. T. übersehbaren Nachteilen und Imponderabilien[58], sofern solche Eingriffe politisch mehrheitsfähig werden.

---

[56] S. a. Bundesraumordnungsprogramm, III, 1.1, S. 42 f.
[57] S. a. BUTTLER, GERLACH, LIEPMANN: „Grundlagen...", ebenda.
[58] S. a. ‚Vorschläge f. eine arbeitnehmerorientierte Raumordnungs-, Regional- und Kommunalpolitik', S. 26.

Voraussetzung für die Auslösung der hierbei erforderlich werdenden Überwälzungsprozesse wäre eine breite Zustimmung für die (neuen oder geänderten) Zielvorstellungen und damit verbunden das Einräumen eines so gut wie absoluten Vorrangs der neuen Ziele vor anderen, bislang geltenden oder angestrebten Vorstellungen auf den gleichen oder mitbetroffenen anderen Sektoren. Das wiederum setzte die Bereitschaft voraus, Nachteile, z. B. auf ökonomischen Gebieten aber auch auf damit verbundenen anderen sozialen Bereichen (wie der Schaffung zusätzlicher Arbeitsplätze) inkauf zu nehmen, um die angestrebten anderen sozialen Forderungen verwirklichen zu können.[59]).

Somit ist festzustellen, daß die angenommenen Interdependenzen zwischen den Möglichkeiten zur Änderung oder Ergänzung gesellschaftlicher Zielvorstellungen einerseits und den ökonomischen Entwicklungsdaten des Landes andererseits durch Art und Umfang der Spielräume zu definieren sind, die von der Gesellschaft in Form von verfügbaren Verteilungspotentialen bereitgestellt werden können. So wie jede Erweiterung dieser Verteilungspotentiale die Realisierungsspannen aller Art von Zielvorstellung (und d. h. nicht nur der politisch motivierten) vergrößert, wirkt sich jede Einengung bzw. Verkleinerung solcher Spielräume auch verengend auf so gut wie alle Zielvorstellungen aus, die von materiellen Voraussetzungen abhängen[60]).

1.2 Raumbedeutsame Aspekte der gesellschaftlichen Entwicklung

1.2.1 Abhängigkeiten von naturräumlichen Gegebenheiten

Eine Betrachtung der raumbedeutsamen Aspekte gesellschaftlicher Entwicklungen muß – unabhängig davon, um welche Gesellschaftsform und um welche Art von Entwicklung (expansiv, konsolidierend oder schrumpfend) es sich handelt – vorab die vielfältigen Abhängigkeiten von physischen Grundvoraussetzungen untersuchen.

So ist der Raum grundsätzlich begrenzt und unvermehrbar; ebenso grundsätzlich ist er in sich differenziert und ungleich und im allgemeinen auch nur schwer und unter hohem Aufwand an Mitteln veränderbar[61]). Das besagt nicht, daß etwa alle Arten von Räumen unveränderbar sein müßten. Im Gegenteil beweist der Augenschein der räumlichen Entwicklung so gut wie jedes Landes, daß Teilräume sich durch mehr oder minder spezifische Entwicklungen sehr wohl verändern. Nur sind die meisten derartigen Entwicklungen in dem natürlichen (Ausgangs-)Potential der betreffenden Räume bereits angelegt; sie sind sozusagen ‚Extrakte' aus diesen natürlichen Potentialen, die allerdings durch exogene Komponenten verstärkt oder – bis zu einem gewissen Grade – auch umgerichtet werden können[62]).

Auch unter diesen Einschränkungen hängt aber die Entwicklungsfähigkeit und der Grad der Wandlungsfähigkeit eines Raumes in erster Linie davon ab, wie sein räumliches Potential beschaffen ist, und ob dieses in Bezug auf Topographie, Lage, Klima und sonstige natürliche Ressourcen (wie Wasser- oder mineralische Bodenschätze) überhaupt entwicklungs- und wandlungsfähig ist oder nicht. Danach stellt sich die Frage, ob die vorhandenen Potentiale auch auf

---

[59]) S. a. W. ERNST: „Das öffentliche Bau- und Bodenrecht, Raumplanungsrecht", ebenda.

[60]) S. a. P. G. ROGGE: „Tendenzwende – Wirtschaft nach Wachstum", Stuttgart 1975.

[61]) S. a. BIEHL, HUSSMANN u. a.: „Bestimmungsgründe des regionalen Entwicklungspotentials", Tübingen 1975, S. 21 ff.

[62]) S. a. H. WEYL: „Räumliches Entwicklungspotential, eine Grobübersicht". In: Raumforschung u. Raumordnung, Dez. 1976, Heft 6, S. 240 ff.

Dauer nur eine begrenzte Entwicklung bzw. einen nur engen Wandlungsgrad zulassen, oder ob die Art der Potentiale so beschaffen ist, daß die Entwicklungsfähigkeit bei Einsatz entsprechend bedeutender und wirksamer Mittel in erheblichem Maße gesteigert werden kann[63]).

Wie dem im Einzelfall auch sein mag, so engen derartige physische Rahmenbedingungen nicht nur die ökonomischen, sondern auch die gesellschaftlichen Entwicklungsbedingungen und Entwicklungsziele eines jeden Landes in mehr oder minder hohem Maße ein und bewirken, daß alle ubiquitär bzw. egalisierend angelegten Zielsetzungen für die räumliche Ordnung eines Landes um so problematischer und realisierungsferner werden, je unterschiedlicher die physische Raumstruktur des betreffenden Landes ist[64]). Aus diesen – eigentlich selbstverständlichen – Interdependenzen zwischen naturräumlichen Gegebenheiten und gesellschaftspolitischen Zielsetzungen wird aber ein Grundkonflikt deutlich, der die Raumordnungspolitik in der Bundesrepublik seit ihrer Konzipierung und Institutionalisierung als sozialstaatliches Lenkungsinstrument überschattet und beeinträchtigt hat[65]).

Denn gerade das raumordnungspolitische Oberziel, wonach zur Wahrung der im Grundgesetz geforderten Chancengleichheit für alle Menschen in allen Räumen der Bundesrepublik ein Ausgleich der ‚räumlichen Disparitäten' zwischen diesen z. T. sehr unterschiedlich strukturierten Teilräumen angestrebt werden soll[66]), muß sich zwangsläufig an diesen vorgegebenen physischen Realitäten stoßen.

Insoweit steht dieser ‚sozialstaatlich' begründete Anspruch a priori in einem gewissen Widerspruch zu den vorgegebenen naturräumlichen Gegebenheiten der einzelnen Teilräume wie auch zu den – gleichfalls sozialstaatlich motivierten – Forderungen, die auf Bewahrung und Sicherung der Lebensqualität gerade solcher Räume abstellen, deren quantifizierbarer materieller Rückstand nur durch (zumindest partielle) Aufgabe ihrer vorhandenen, wenn auch meist kaum zu quantifizierenden, ökologischen Qualitäten ausgeglichen werden könnte[67]).

Nun gilt ‚Chancengleichheit' in der Formulierung des Grundgesetzes als „Recht auf die freie Entfaltung der Persönlichkeit"[68]) im Rahmen des Sozialstaates den Menschen dieses Landes und nicht den Räumen, in denen diese Menschen leben. Dennoch wurde der Sinngehalt dieses ‚sozialstaatlichen Postulats' in der Anwendung auf die Raumordnung durch die enge Anbindung an die grundgesetzliche Formel von der „Wahrung der Einheitlichkeit der Lebensverhältnisse über das Gebiet eines Landes hinaus"[69]) als Pflicht zur ‚Schaffung gleichwertiger Lebensbedingungen in allen Teilräumen der Bundesrepublik' interpretiert,[69a]) eine Ableitung, die wenig fundiert erscheint und im Zuge dieser Untersuchung noch eingehender analysiert werden wird[70]).

---

[63]) S. a. BIEHL u. a., ebenda.
[64]) S. a. K.-H. HÜBLER: „Großräumige Vorranggebiete als Gegenkonzept zu ausgeglichenen Funktionsräumen" in W. ERNST, G. STEPPER, D. MARX u. a. ‚Beiträge zum Konzept der ausgeglichenen Funktionsräume', Münster 1977 (Materialien zum Siedlungs- u. Wohnungswesen 15).
[65]) S. a. BUTTLER, GERLACH, LIEPMANN, ebenda; s. a. Kommission f. wirtschaftl. u. sozialen Wandel: „Wirtsch. u. sozialer Wandel..." ebenda.
[66]) S. a. Bundesraumordnungsprogramm, I., Ziffer 1. S. 1 ff.
[67]) S. a. *Beirat f. Raumordnung*: Empfehlung v. 16.6.1976 ‚Sicherung der natürlichen Lebensgrundlagen', S. 73 ff.
[68]) Art. 2 (1) GG.
[69]) Art. 72 (2), Nr. 3 GG.
[69a]) S. a. BROP, I., Ziffer 1., S. 1 ff.
[70]) S. a. K. H. HÜBLER, E. SCHARMER, K. WEICHTMANN, ST. WIRZ: „Zur Problematik der Herstellung gleichwertiger Lebensverhältnisse, Forschungsprojekt der ARL, 1979.

Hinzu kommt, daß in einer weiteren Interpretation der ‚Schaffung gleichwertiger Lebensverhältnisse', die regional vorhandenen sozialen Ungleichgewichte im wesentlichen durch Abbau der dazu gehörenden raumstrukturellen Disparitäten beseitigt werden sollen, also durch Maßnahmen, mit denen eine gewisse Egalisierung des unterschiedlichen Raumgefüges erreicht werden soll[70a]).

Die offenbar gewordenen Mißerfolge einer auf solchen Interpretationen beruhenden Raumordnungspolitik werden meist auf methodische oder gesellschaftspolitische Mängel zurückgeführt[71]). Nach dem hier vertretenen Raumordnungsverständnis wäre eher von falschen und grundsätzlich unrealisierbaren Zielkomponenten zu sprechen. Denn der ‚Ausgleich' verschiedenartiger Raumstrukturen, die ihre Ursache in physischen (topographischen, klimatischen) Gegebenheiten oder darauf beruhenden unterschiedlichen raumbestimmenden Funktionen haben, ist häufig nicht möglich, in ökologischer Hinsicht nicht sinnvoll oder sogar verwerflich und auch in volkswirtschaftlicher Hinsicht meist zweifelhaft[72]).

Im Grunde ist diese Interpretation von Chancengleichheit in ihrer Einengung auf ‚ausgleichende' Eingriffe in die bestehenden Raumstrukturen ein charakteristisches Produkt der Expansionsphase, in der auch grundsätzliche egalisierende Veränderungen des Raumes erstrebenswert und machbar schienen. Der Relikt-Charakter dieser Interpretation des sozialen Postulats ist dem entsprechend im Raumordnungsbericht 1974 der Bundesregierung zutage getreten. Dort heißt es:

„Das knappe Entwicklungspotential an Einwohnern, Arbeitsplätzen und Investitionen zwingt zu einer Überprüfung aufwendiger und großzügiger Ausbaukonzeptionen in der Siedlungsstruktur und Infrastruktur ... Hauptaufgabe der Zukunft wird statt dessen sein, die vorhandenen Strukturen funktionsfähig zu halten oder zu erneuern"[73]).

Hier wird also der Fortfall des Veränderungspotentials für die Aufgabe des Zielansatzes bzw. des Mittel- bzw. des Instrumentenansatzes herangezogen, während in dieser Arbeit die Auffassung vertreten wird, daß das erforderliche Veränderungspotential in den wesentlichen Fällen unendlich groß sein müßte[74]), so daß der Zielansatz selbst grundsätzlich irreal ist.

Nun kann es nicht genügen, aus Motiven eines ‚non possumus' ein unbestreitbares sozialstaatliches Postulat als obsolet zu erklären. Vielmehr muß hier eine Neuinterpretation des Grundsatzes der Chancengleichheit ansetzen, mit dem Ziel, die geforderte Gewährleistung gleicher Chancen nicht mehr im Wege eines Ausgleichs räumlicher Disparitäten zu versuchen, sondern gerade aus der Anerkennung der raumstrukturellen Unterschiede auch spezifische Vorstellungen zu entwickeln, die auf die unterschiedlichen Funktionen der Teilräume für die Gesamtheit der Bundesrepublik (Vorranggebiete, Funktionsräume)[75]) ebenso auszurichten wären, wie auf die – wesentlich davon geprägten – spezifischen Bedürfnisse der Bewohner. Hierauf wird noch zurückzukommen sein.

[70a]) S. a. *Beirat f. Raumordnung*: Empfehlung v. 16.6.1976 ‚Die Gültigkeit der Ziele des ROG usw.', Ziffer 3.2, S. 21 f.

[71]) S. a. BUTTLER, GERLACH, LIEPMANN, ebenda; s. a. „Vorschläge f. eine arbeitnehmerorientierte Raumordnungs-... politik", ebenda.

[72]) S. a. K. H. HÜBLER: „Großräumige Vorranggebiete als Gegenkonzept zu ausgeglichenen Funktionsräumen", ebenda.

[73]) Zit. Raumordnungsbericht 1974; Abschnitt B. 2, S. 10.

[74]) S. a. BIEHL u. a.: „Bestimmungsgründe des regionalen Entwicklungspotentials", S. 21 ff.

[75]) S. a. *Beirat f. Raumordnung*: Empfehlungen v. 16.6.1976, S. 25 f.

Zu ergänzen bleibt, daß die mehrfach angemerkte Rollenvielfalt unter den Teilräumen der Bundesrepublik nur zum Teil a priori physisch vorbestimmt war oder ist[75a]). Andere, physisch determinierte Eigenschaften von (Teil-)Räumen bleiben solange nur potentiell – und damit bis auf weiteres unwirksam –, wie die betreffenden Eigenschaften oder Funktionen nicht erkannt, nicht entdeckt oder, aus gleich welchen Gründen, nicht nutzbar zu machen sind. Dies trifft primär für Räume mit Bodenschätzen zu, außerdem für Räume mit Standortgegebenheiten, zu deren Nutzung ein höheres Maß, sei es an spezieller Technologie, sei es an Koordinierungsfähigkeit erforderlich ist, damit Teilkomponenten zu wirksamen funktionalen Einheiten verschweißt werden können, und schließlich auch das Eintreten einer – politischen, ökonomischen oder technologischen Situation, durch die eine besondere Rolle oder Funktion des betreffenden Raumes für ein größeres Gebiet erst ermöglicht wird[76]).

1.2.2 Herausbildung unterschiedlicher Raumtypen

Die Herausbildung unterschiedlicher Raumtypen[77]) ist in der Regel auf derartige – historisch und d. h. zeitlich ausgedehnte – Abläufe zurückzuführen, durch die potentielle Anlagen (also spezifische ‚Begabungen') der betreffenden Räume geweckt oder aktiviert worden sind. Dabei ist wiederum in Rechnung zu stellen, daß derartige Aktivierungen von Räumen sowohl aus endogenen Entwicklungsimpulsen zustande kommen als auch – und das ist im Zeitalter weltwirtschaftlicher Verflechtungen der häufigere Anlaß – aus exogenen, vorwiegend ökonomisch ökonomisch bzw. technologisch motivierten Impulsen[78]).

So gesehen ist die Ausbildung unterschiedlicher Raumtypen als – immer nur vorläufiges – Ergebnis aus dem Zusammenwirken von gesellschaftlichen, ökonomischen und technologischen Veränderungspotentialen zu begreifen, durch die die spezifische Entwicklungs- und Wandlungsfähigkeit der einzelnen Räume im Rahmen der mehr oder weniger engen physischen Vorgaben angeregt werden konnte.

Bei der Bewertung der Machbarkeit oder Eintrittswahrscheinlichkeit gewünschter raumstruktureller Veränderungen ist aber in Rechnung zu stellen, daß Raumstrukturen gewisse Beharrungstendenzen oder Resistenzen gegen Veränderungen entwickeln können. Solche Erscheinungen sind um so stärker, je konsolidierter, spezieller und kostspieliger die zu verändernden Strukturen sind, und um so schwächer, je flüchtiger oder aber ubiquitärer die bislang vorhandenen Struktur ist und je mehr die angestrebten Veränderungen auf Komponenten der vorhandenen Struktur bzw. auf Trends einer schon wirksamen Entwicklung aufbauen können[79]).

Derartige Resistenzen können sehr vielfältiger Art sein: sie beginnen mit physisch bedingten Widerständen klimatischer, topographischer, geologischer oder hydrologischer Art (wie z. B. Zonen von Dauernebeln, topographisch oder geologisch begründete Mangelsituationen bei Siedlungsflächen, Mangelsituationen in der Wasserversorgung oder in der Entsorgung), umfassen Mängel in der Erschließung ebenso wie u. U. allzu spezifische oder Übererschließungen, deren Beseitigung oder Reduzierung Schwierigkeiten verursacht[80]). Sie schließen ökonomische Wider-

---

[75a]) Z. B. Erholungsgebiete in Abhängigkeit besonderer Landschaftsformen, Wasserspeicher regionaler bzw. überregionaler Bedeutung, Vorranggebiete für Landwirtschaft, primäre Hafenstandorte u. ä.
[76]) S. a. KUMMERER, SCHWARZ, WEYL: ebenda, S. 156 ff.
[77]) S. a. *Beirat f. Raumordnung*: Empfehlungen v. 16.6.1976, S. 14 ff.
[78]) S. a. P. ROGGE: „Tendenzwende...", ebenda, S. 40 ff.
[79]) Z. B. Schwierigkeiten bei der Umstrukturierung von Montangebieten.
[80]) S. a. die entspr. Schwierigkeiten bei industriellen Neuansiedlungen im Ruhrgebiet: Werksbahnen, Schachtanlagen, Bergsenkungen.

stände als Folge getätigter andersartiger oder sehr hoher Investitionen bzw. auch als Folge der ‚Sperrigkeit' vorhandener Strukturen ein und schließlich sozial bzw. psychologisch motivierte Resistenzen, die meist in Form von ‚Verweigerungssyndromen' gegen die Aufgabe eines bisher eingenommenen Status bzw. die Auflösung einer Sozialstruktur gerichtet sind[81]) oder auch gegen räumliche Veränderungen durch unverwünschte oder als gefährlich betrachtete Vorhaben[82]).

1.2.3 Sozio-ökonomische Differenzierungen

Das Verhältnis zwischen Raum und Menschen war und ist seit jeher entscheidend für die Art der Gesellschaft, in der Menschen leben. Zug um Zug mit der fortschreitenden Zivilisierung bildet sich eine, erst noch zaghafte, eben nomadenhafte, später immer stärker werdende Bindung der Menschen an den Raum heraus, bis zu einem Punkt, an dem der Mensch fest und in gewisser Weise unlöslich – als Leibeigener – mit dem Boden verbunden ist und zusammen mit diesem gehandelt werden konnte.

In derartigen feudalen Gesellschaftsformen gab allein der Boden Macht, und die Bewirtschaftung des Bodens erfolgte – z. T. sicher aus Mangel an anderen Technologien – durch Sklaven, Leibeigene oder ähnlich entrechtete Schichten, die allesamt hart in ihrer Bewegungsfreiheit beschränkt waren. Die – unbedingte – Bindung der unteren Schichten an den Raum bzw. an bestimmte Standorte war somit Merkmal und spezifisches Kennzeichen aller (immobil gewordenen) feudalen und agrarischen Gesellschaftsformen.

Das änderte sich grundlegend erst mit dem Aufkommen einer anderen Gesellschaftsform, die ihre Existenz nicht mehr primär aus der Bewirtschaftung des Bodens bestritt, sondern aus gewerblicher Arbeit. Die allmähliche Durchsetzung dieser neuen Gesellschaftsform, die durch den Merkantilismus als Vorstufe der Industrialisierung geprägt wurde, ermöglichte bzw. forderte die Lösung der Menschen von den Bindungen an den Boden und bereitete so zwar einerseits den Nährboden für die französische Revolution, andererseits aber auch für die Bauernbefreiung in Deutschland, die erst möglich wurde, als ausreichende nicht-agrarische Arbeitsplätze geschaffen werden konnten[83]).

Denn während eine Agrargesellschaft stets auf die Bindung des arbeitenden Menschen an den Boden angelegt ist und Freizügigkeit ursprünglich überhaupt nicht, und in späteren Perioden lediglich zum Ausgleich von Arbeitskraft-Defiziten (Saisonarbeiter) bzw. -Überschüssen (Auswanderung!) benötigte, ist die nicht-agrarische industrielle Gesellschaft ihrem Wesen nach auf Freizügigkeit und die freie Wahl des Arbeitsplatzes angelegt, um das Angebot an verschiedenartigen Arbeitsplätzen in Abwägung von damit gebotenen Chancen realisieren zu können.

Insoweit beruht die Industriegesellschaft in ihrem Wirkungsmechanismus wie auch in ihren Wertvorstellungen auf einer grundsätzlichen Lösung des Menschen vom Boden, die sich in den Grundrechten der Freizügigkeit und der freien Wahl des Arbeitsplatzes ausdrückt. Mit fortschreitender Arbeitsteiligkeit und der Einführung immer größerer organisatorischer und räumlicher Maßstäbe bewirkte diese Gesellschaftsform darüber hinaus auch die räumliche Auseinandergliederung von Wohnen und Arbeiten und damit zugleich eine Umwertung und Neueinschätzung des Raumes als ‚Ort' einer Vielzahl getrennter oder auch verflochtener Funktionen, die in der Summe eine sehr viel differenziertere und vielseitiger zu bedienende sozio-ökonomische Struktur ergeben, als das vorher der Fall war.

---

[81]) S. a. Bergbauern- und Weinbauer-Probleme in Alpenländern.
[82]) Z. B. Bürgerinitiativen gegen den Bau von Kernkraftwerken.
[83]) S. a. W. TREUE: „Wirtschaftsgeschichte der Neuzeit", Stuttgart 1962.

Damit beginnen eine Reihe von Interdependenzen deutlich zu werden, von denen die weitere Entwicklung unserer Gesellschaft in hohem Maße mitgeprägt und gesteuert werden könnte:

- Zunächst korrespondiert die differenzierte und sich weiter differenzierende Entwicklung der Gesellschaft ganz offensichtlich mit der ebenfalls stärker differenzierten und sich funktional aufgliedernden räumlichen Entwicklung; damit kann diese als räumlicher Niederschlag der sozio-ökonomischen Entwicklung betrachtet werden, wie es im Grunde von jeher der Fall war[84]).
- Die anhaltende weitere Ausbildung der Industrie- und Dienstleistungsgesellschaft bewirkt wiederum weitere räumliche Differenzierungen, die sich vorwiegend nach dem Prinzip der konzentrierten Deglomeration vollziehen und die überkommene Siedlungsstruktur weiter verändern werden[85]).
- Die somit entstandene arbeitsteilig differenzierte Gesellschafts- und Raumstruktur basiert theoretisch auf uneingeschränkter Freizügigkeit von Arbeit und Kapital, die – beide – stets von neuem sichergestellt werden müssen.
- Zur Realisierung der Freizügigkeit bedarf es aber nach wie vor einiger – z. T. schichtenspezifischer – Prämissen, von denen die Verbesserung der Ausbildung breiterer Kreise der Bevölkerung und die Erleichterung der innerregionalen Kommunikationen an erster Stelle stehen, soweit Fähigkeit und Motivation zur räumlichen (horizontalen) und sozialen (vertikalen) Mobilität verstärkt werden sollen[86]).
- Denn ein hohes Maß an Mobilitätsfähigkeit und Mobilitätsbereitschaft breiter Bevölkerungskreise kann zugleich als Merkmal für die Entwicklungsfähigkeit und Elastizität von hoch differenzierten Industrie- und Dienstleistungsgesellschaften gewertet werden[87]). Die horizontale Mobilität ist insoweit „ein Instrument, um zwischen der Begabung des Menschen und der der Umwelt zu vermitteln"[87a]).
- Die ebenfalls erforderliche Freizügigkeit des Kapitals mag im internationalen Rahmen (etwa der ‚Multis') weitgehend verwirklicht sein. Im innernationalen Bereich ist das bis jetzt nur bedingt der Fall, weil die dafür benötigte Mobilität des Kapitals nur bei den Großunternehmen vorhanden ist, während das Kapital der mittelständischen Wirtschaft überwiegend in Anlagen festgelegt und damit mehr oder weniger immobil ist.

Da nun die Entwicklung der Raumstruktur als räumlicher Ausdruck der gesamtgesellschaftlichen Entwicklung zu gelten hat, kann daraus umgekehrt gefolgert werden, daß Behinderungen solcher räumlicher Umstrukturierungen, in denen sich spezifische gesellschaftliche Entwicklungsprozesse darstellen, auch zu Behinderungen in der Weiterentwicklung der Gesellschaft als Ganzem führen können.

---

[84]) S. a. *Beirat f. Raumordnung*, Empfehlungen v. 14.9.1972: ‚Zielsystem zur räumlichen Ordnung und Entwicklung der Verdichtungsräume in der Bundesrepublik Deutschland', Bonn 1972, S. 27 f.

[85]) S. a. KUMMERER, SCHWARZ, WEYL: „Strukturräumliche Ordnungsvorstellungen des Bundes", ebenda, S. 156, ff.

[86]) S. a. Empfehlungen des *Beirates f. Raumordnung*, Folge 3: „Zielsystem zur räumlichen Ordnung und Entwicklung der Verdichtungsräume in der Bundesrepublik Deutschland", ebenda, S. 39, f.; s. a. H. ZIMMERMANN, K. ANDERSECK u. a.: „Regionale Präferenzen, Wohnorientierung und Mobilitätsbereitschaft der Arbeitnehmer als Determinanten der Regionalpolitik", Bonn 1973, S. 6, f.

[87]) S. a. Raumordnungsberichte der Niederländischen Regierung: ‚Verstädterungsnote', Den Haag 1976; Mobilitätsuntersuchung, S. 103 ff.

[87a]) Zit. nach R. URMES: „Zur Konzeption der ausgeglichenen Funktionsräume", Manuskript, Hannover 1979.

Zu derartigen Behinderungsversuchen müssen z. B. die in neuerer Zeit von einigen Autoren formulierten Ansätze auf Verweigerung der Wahrnehmung des Grundrechts auf Freizügigkeit gerechnet werden, die in den antithetischen Begriff „Recht auf Immobilität = Recht auf Heimat"[88]) gekleidet wurden. Dazu ist anzumerken, daß die Wahlfreiheit, die jedermann besitzt, in der Tat die Wahrnehmung der angebotenen Freizügigkeit ebenso einschließt wie deren Verweigerung.

Eine Gesellschaft, die ihren Bürgern Angebote zur Realisierung des Rechts auf Freizügigkeit macht (z. B. in Form von verbesserten Ausbildungsmöglichkeiten, verbesserten Verbindungen zu regionalen Konzentrationen von Arbeitsplätzen u. dergl.) kann dann auf Nicht-Annahme ihrer Angebote und etwa daraus resultierende Versorgungsansprüche anders reagieren, als wenn derartige Angebote nicht vorgelegen hätten.

Auch ist die Gesellschaft und ihre Regierung nicht dazu verpflichtet, überall – und d. h. unabhängig von unterschiedlichen Raum- und Siedlungsstrukturen – gleichartige Angebote an die betroffenen Bevölkerungskreise zu machen, sondern nur solche, die den besonderen Rahmenbedingungen der betreffenden Räume angepaßt sind. Beispiele aus extrem unterschiedlich strukturierten bzw. extrem dünn besiedelten Ländern zeigen, wie breit und zugleich elastisch die Angebotspaletten sein können, die zur Realisierung von Chancengleichheit durch Freizügigkeit für die Bevölkerung auch extrem peripher gelegener Gebiete entwickelt und auch angenommen worden sind.[89]).

1.3 Funktion der Raumordnung im Rahmen der gesellschaftlichen Entwicklung

1.3.1 Funktionale Vorstellungen (Rollenverständnisse)

Seit der Wiederentdeckung der Raumordnung in den fünfziger Jahren und der sich nach und nach abzeichnenden Institutionalisierung hat sich die Vorstellung, was Raumordnung ist oder sein sollte, mehrfach geändert, und zwar je nachdem, welche Gesichtspunkte politischer oder administrativer Art zu den betreffenden Zeitpunkten überwogen.

Im Verständnis staatlichen Handelns dominierte nach dem Krieg zunächst der räumlich-soziale Ordnungsgedanke (das Ordnungsprinzip). Später galten als mögliche Positionen der Raumordnung:

- Raumordnung als Instrument der Zielfindung und Zielsetzung, also mit umfassendem Zielbezug in politischer Rolle: diese Position blieb beschränkt auf ein Anspruchsniveau;
- Raumordnung als Mittel zur Umsetzung gesellschaftlicher Ziele in räumliche Kategorien, also mit räumlichem Maßnahmenbezug, in der Unterscheidung nach sozialstaatlichen und ökonomisch-funktionalen Komponenten in gleichfalls politischer Rolle:
  diese Position ist sowohl auf Bundes- als auch auf Länderebene vertreten worden;
- Raumordnung als Instrument zur koordinierenden, ressortübergreifenden Steuerung des Regierungshandelns sowohl in sektoraler als auch in regionaler Hinsicht und d. h. in überwiegend administrativer Rolle unter den Gesichtspunkten einer allgemeinen Abstimmung von Zielen und Maßnahmen: diese Position ist bislang – aus eher ressortpolitischen Begründungen – auf die Länderebene beschränkt[90]);

---

[88]) S. a. BIEHL u. a.: „Bestimmungsgründe ...", S. 4; s. a. STIENS: „Alternative Gesichtspunkte ...", ebenda, S. 891 ff.
[89]) S. a. entspr. Regelungen in Norwegen, Nordschweden, Griechenland (z. B. Ägäische Inseln).
[90]) S. a. Ziffer 2.1.1, S. 32 ff.

– Raumordnung als Fachplanung besonderer Art und d. h. in ausschließlich administrativer Rolle unter überwiegend sektoralen Ansatzpunkten: dieses letzte Rollenverständnis ist zwar als politischer Auftrag formuliert[91]), aber bisher kaum in Regierungshandeln umgesetzt worden; nach dem geltenden Recht könnte gerade dieses Rollenverständnis zu einer unbestritteneren Position des Bundes in der Raumordnung ausgestaltet werden.

Das Rollenverständnis von Raumordnung hat demnach verschiedenartige Interpretationen erfahren mit Schwerpunktverlagerungen von manchmal grundsätzlichem Charakter, die von den jeweils vorherrschenden politischen Grundeinstellungen bedingt waren. Anzumerken bleibt dabei, daß auch zwischen den einzelnen Bundesländern unterschiedliche Interpretationen von Rolle und Gewicht der Raumordnung anzutreffen sind, die meist weniger politische als vielmehr administrative Gründe haben (z. B. in Bezug auf das jeweilige Überwiegen von Koordinierungsfunktionen hier und von Ressortfunktionen dort).

Bei aller sonstigen Unterschiedlichkeit hat sich jedoch der politisch motivierte Ansatz weitgehend durchsetzen können, der Raumordnung in erster Linie als Instrument zur Umsetzung und raumbezogenen Realisierung gesellschaftspolitischer Zielvorstellungen verstanden wissen will[92]). Die Begründung dafür ist primär in dem allgemeinen Staats- und Politikverständnis der sechziger und frühen siebziger Jahre zu suchen, wonach Gesellschaftspolitik als Instrument zur Behebung und Glättung jener ‚Problembereiche' betrachtet wurde, die durch die Auswirkungen der sich selbst steuernden ökonomischen Prozesse entstanden waren. An diesem Rollenverständnis bleibt daher die Dominanz sozialstaatlicher Zielsetzungen bemerkenswert, sobald und soweit ein Eingreifen des Staates in gesellschaftliche Prozesse zur Diskussion steht, dem entsprechend die relativ nachrangige Rolle, die ökonomische Vorstellungen darin spielen, und schließlich die häufig spürbare Mißachtung räumlicher Eigengesetzlichkeiten zugunsten von z. T. dogmatisierten, wiederum sozialpolitisch begründeten Zielansätzen (z. B. Schaffung gleichwertiger Lebensverhältnisse durch Ausgleich räumlicher Disparitäten)[93]).

Diese – für die Bundesrepublik im Unterschied zu anderen Industriestaaten eigentümliche – Beschränkung der Rolle der Raumordnung erklärt sich auch noch aus anderen, heute historisch gewordenen Gründen. Denn während Landesplanung in den Bundesländern seit Anfang der fünfziger Jahre akzeptiert und – durchaus unbefangen – als übergreifendes Hoheitsinstrument ausgebildet und in die Ordnungsverwaltung integriert werden konnte, hatte die Raumordnung auf Bundesebene lange an spezifischen Reminiszenzen aus der NS-Zeit zu tragen sowie an mehr oder minder unterschwelligen Ängsten aus den Reihen der Vertreter der damals noch neuen und ungesicherten sozialen Marktwirtschaft, die Raumordnung in die Nähe von Planwirtschaft, ja von ‚Kulturbolschewismus'[94]) stellen zu müssen meinten.

Unter solchen Umständen war es unumgänglich, Raumordnung als Aufgabe derart abzugrenzen, daß weder zentralistische noch planwirtschaftliche noch die freiheitlichen Grundlagen des ungesicherten Demokratieverständnisses berührende Komponenten damit in Zusammenhang gebracht werden konnten. Entsprechend sollten nur solche Gestaltungsräume in die Aufgabenstellung der Raumordnung einbezogen werden, deren sozialstaatliche, föderalistische und marktwirtschaftliche Grundlagen außer Frage standen.

---

[91]) S. a. ROG, § 4, Abs. 1; s. a. v. d. HEIDE: „Raumordnung 1977...", ebenda.
[92]) S. a. G. STIENS: „Landesforschung im Raumplanungsprozeß", Forschungen zur Raumentwicklung, Bonn 1977, S. 48 ff.
[93]) S. a. E. v. BÖVENTER: „Die räumlichen Wirkungen von öffentlichen und privaten Investitionen". In: ‚Grundlagen der Infrastrukturplanung für wachsende Wirtschaften', Berlin 1971, S. 169 ff.
[94]) Die entspr. Äußerung des BMW Prof. ERHARD ist überliefert.

Daraus erklärt sich also der Verzicht auf die gezielte Beeinflussung der nach ‚souveränen' Marktgesetzen ablaufenden ökonomischen Entwicklung und auf Festlegung nationaler Planungsgrundlagen[95]). Auch dieser – recht schmale – Weg wurde erst beschreitbar, nachdem durch UMLAUF[96]), ERNST[97]) und andere das Verhältnis zwischen räumlicher Planung und Freiheit geklärt worden war und damit zugleich die ordnungspolitische Einordnung der Raumordnung in das freiheitliche Gefüge des pluralistisch verfaßten demokratischen Staates.

In dieser Sicht war es ein weiter und mühseliger Weg, der von den vorsichtigen Ansätzen des SARO-Gutachtens[98]) über die Grundsätze des Raumordnungsgesetzes zu den Rahmenfestlegungen des Bundesraumordnungsprogramms von 1975 geführt hat. Dennoch muß vermerkt werden, daß die Einbeziehung einer der originären Aufgaben räumlicher Ordnung in einem hoch differenzierten Industriestaat, nämlich die Koordinierung der ökonomischen Postulate in die Ordnung der gesellschaftlichen und räumlichen Entwicklung, lange Zeit bewußt unterlassen und erst spät und auch dann nur bedingt nachgeholt worden ist, nachdem so gut wie alle anderen westeuropäischen Nachbarstaaten vorangegangen waren[99]).

Damit blieb aber Raumordnung in der Bundesrepublik Deutschland in ihrem theoretischen Rollenverständnis eine so gut wie ausschließlich sozialstaatliche Aufgabe, die im Raumordnungsgesetz entsprechend kodifiziert wurde, und in deren Rahmen auf ökonomische Daten und Komponenten nur insoweit zurückgegriffen oder eingewirkt werden sollte, wie dies zur Realisierung der gestellten gesellschaftlichen Ziele erforderlich schien[100]). Das dreiseitig interdependente Wirkungsgefüge zwischen Raum, Wirtschaft und gesellschaftlichen Zielen erscheint unter dieser – lange vorherrschenden – Vorstellung auf die einseitige Einwirkung gesellschaftlicher Zielvorstellungen auf den Raum reduziert[101]).

Gegen dieses Rollenverständnis konnten sich – zumindest auf Bundesebene – weder solche Theorien durchsetzen, die „Raumplanung als politischen Prozeß im Sinne des Pluralismuskonzepts"[102]) verstanden wissen wollten, noch die Ende der sechziger Jahre aufkommenden Ansätze, wonach Raumordnung im Sinne einer umfassenden gesellschaftspolitisch angelegten Entwicklungsplanung weitergeführt und insoweit zu einem übergeordneten Integrationsmechanismus ausgebaut werden sollte[103]).

Etwas anders – und weniger deutlich – stellt sich die praktische Anwendung einer derart **abgegrenzten theoretischen Aufgabenstellung** dar. Zunächst muß auch hier zwischen zwei **verschiedenen Rollenauffassungen** unterschieden werden, die sich aus der dargestellten ‚administrativen Rolle' herausgebildet haben, nämlich

– der Übertragung des dargestellten theoretischen Ansatzes in die Realität des Verwaltungshandelns und zum anderen

---

[95]) S. a. E. DITTRICH: „Raumordnung und Leitbild", Bonn 1962.
[96]) S. a. J. UMLAUF: „Wesen und Organisation der Landesplanung", Essen 1958.
[97]) S. a. W. ERNST: Aussagen in div. Vorträgen und Publikationen.
[98]) „Die Raumordnung in der Bundesrepublik Deutschland, Stuttgart 1961.
[99]) S. a. *Beirat f. Raumordnung*: Empfehlungen v. 16.6.1976, S. 24 ff.
[100]) S. a. Raumordnungsgesetz, §§ 1 und 2.
[101]) S. a. „Wirtschaftlicher u. sozialer Wandel...", ebenda, S. 327 f.
[102]) S. a. G. STIENS: „Landesforschung im Raumplanungsprozeß", S. 48 ff.
[103]) S. a. H. WEYL: „Strukturveränderung und Entwicklungsplanung". In: *Inst. f. Raumordnung*, Informationen, Bonn 1969, S. 469 ff.

- dem eher technokratisch als gesellschaftspolitisch bestimmten Rollenverständnis, das Raumordnung als ‚technisches' Instrument zur koordinierenden Steuerung des Regierungshandelns benutzt und damit als administrative Querschnittfunktion[104]).

Bei der ersten Variante stehen die sozialstaatlich motivierten Aufgabenbündel sicherlich noch im Vordergrund raumordnerischen Handelns, aber bei weitem nicht in der theoretisch vorgegebenen Ausschließlichkeit. Vielmehr führt die – unvermeidliche – Vermengung raumordnerischer Ansätze und Zielvorstellungen mit regional- bzw. wirtschaftspolitischen Anliegen zu Kompromissen, deren Ergebnisse letztlich weniger sozialstaatlich als mehr oder minder kommunal-, regional- oder eben wirtschaftspolitisch bestimmt sind.

Die zweite angeführte Variante steht sozialstaatlich motivierten Zielansätzen schon vom Selbstverständnis her distanzierter gegenüber. Sie beruht auf vorwiegend pragmatischen Vorstellungen über die Methodik eines möglichst effektiven Verwaltungshandelns und versteht Raumordnung zunächst als unabdingbare Koordinierungsaufgabe zwischen den Ansprüchen der verschiedenen, sektoral wirksamen Fachplanungen und den regionalisierten Entwicklungsimpulsen ökonomischer und technologischer Provenienz.

Aus diesem Selbstverständnis leitet sich aber auch der – sehr viel weitergehende – Anspruch ab, Raumordnung als mehr oder minder eigenständiges, ressortübergreifendes Steuerungsinstrument einzusetzen[105]). Es mag dahingestellt bleiben, inwieweit solche Vorstellungen unter den gegebenen Verhältnissen realisierbar sind oder nur als potentielle Ansprüche im Raum stehen, zu deren Verwirklichung es zumindest einer starken – politisch wie administrativ abgestützten – Hausmacht der Raumordnung bedürfte, die derzeit nirgendwo vorhanden ist[106]).

Eine dritte Variante – Raumordnung als besondere Art von Fachplanung – ist bislang nur in Ansätzen sichtbar geworden, obwohl gerade dafür auf Bundesebene die weiter oben erwähnte, rechtlich abgesicherte politische Forderung vorliegt. Raumordnung, basierend auf den zusammengefaßt vertretenen Ansprüchen der Fachplanungen des Bundes mit koordinierendem und zugleich rahmensetzendem Überbau „kraft Natur der Sache"[107]), wäre schon insoweit zu sehr viel konkreteren und entsprechend weniger anfechtbaren Einflußnahmen auf die Raumordnung der Länder befähigt, als dies im Rahmen der bislang entwickelten Form kombinierter Bund-Länder-Programme der Fall sein kann.

Inwieweit eine solche ‚Fachplanungs-Variante' auch für die Länder anwendbar wäre, wird in anderem Zusammenhang noch ausführlicher zu untersuchen sein[108]).

Unbeschadet solcher Erwägungen ist aber festzustellen, daß alle zur Zeit praktizierten Varianten der Rollenverständnisse von Raumordnung nach wie vor ohne Primärbezug zu der – gleich wie anzunehmenden – ökonomischen Entwicklung des Landes geblieben sind. Selbst die grundlegende gesellschaftspolitische Umbewertung ökonomischer Entwicklungsprozesse, die in der Konjunkturkrise der späten sechziger Jahre einsetzte und sowohl fiskalisch-instrumentelle Veränderungen (etwa mit der Einführung der mittelfristigen Finanzplanung) mit sich brachte als auch den Übergang zu Elementen einer wirtschaftlichen Globalsteuerung mit unmittelbaren wirtschaftspolitischen Auswirkungen[109]), fand in der Raumordnung nur bedingt einen Niederschlag.

---

[104]) S. a. ERNST/HOPPE: „... Raumplanungsrecht", ebenda, S. 15 f.
[105]) S. a. STIENS: „Landesforschung im Raumplanungsprozeß", S. 52 f.
[106]) S. a. ERNST/HOPPE: ebenda, S. 15 f; s. a. H. J. v. d. HEIDE: „Raumordnung 1977 in rechtlicher Sicht", Bonn 1978, S. 12 ff.
[107]) S. a. W. ERNST: „Zur staatlichen Verantwortung ...", ebenda, S. 14.
[108]) S. a. Ziffer 2.1, S. 32 ff.
[109]) Z. B. Stabilitätsgesetz, Gemeinschaftsaufgabe regionale Wirtschaftsstruktur u. a.

Allenfalls abgesehen von der Einführung der integrierenden Entwicklungsplanung im administrativen Bereich, die auf Verknüpfung von raumordnerischen Zielsystemen mit der mittel- und längerfristigen Finanz- und Investitionsplanung abstellt, hat sich die Raumordnung darauf beschränkt, räumliche Auswirkungen ungesteuerter und häufig auch unkoordinierter ökonomischer Prozesse unter Anhaltung sozialstaatlicher oder auch nur pragmatischer Zielannahmen aufzufangen und nach Möglichkeit mitzubeeinflussen.

Darin liegt die – historisch oder auch ordnungspolitisch vielleicht noch verständliche – offenbare Schwäche des Rollenverständnisses von Raumordnung in der Bundesrepublik, die zugleich wesentliche Ursache für das Scheitern vieler bislang versuchter Ansätze zu einer mehr als nur koordinierenden und reagierenden Raumordnungspolitik gewesen ist[110]).

1.3.2 Instrumentelle Rolle der Raumordnung in der expandierenden Gesellschaft

Auf den Grundlagen dieses allgemeinen Rollenverständnisses ist zunächst auch die instrumentelle Rolle der Raumordnung in einer expandierenden Wirtschaft und Gesellschaft zu sehen. Nur wird die instrumentelle Einsatzfähigkeit und Effizienz durch diejenigen ökonomischen und sozialen Komponenten primär beeinflußt und in gewissem Maße auch umgeprägt, die spezifisch für eine expansive Entwicklung sind. Solche Komponenten sind

- die Knappheit der Kapitaldecke bei gleichfalls verknapptem Arbeitsmarkt aber hoher Investitionsneigung,
- das starke Übergewicht der ‚autonomen' marktgesteuerten Entwicklung über staatlich geplante Entwicklungsansätze.

Die Dynamik der vorwiegend marktgesteuerten Entwicklungsprozesse wird durch das starke Überwiegen ökonomischer Komponenten auf Kosten ökologischer und sozialer Zielvorstellungen charakterisiert, mit dem Ergebnis, daß nicht-ökonomisch motivierte Werte und Ziele in die Gefahr geraten, abgedrängt oder stark geschwächt zu werden. Andererseits ermöglichen gerade die – mit der ökonomischen Expansion anfallenden – hohen Wachstumsraten auch ein in ökonomischer Sicht schadloses Abzweigen von überschüssigen Potentialen, die damit für gegensteuernde Maßnahmen etwa nach ökologischen oder sozialen Gesichtspunkten verfügbar werden[111]).

In Expansionsphasen dominiert also die Ordnungsfunktion der Raumordnung gegenüber der Entwicklungsfunktion. Entsprechend ist Raumordnungspolitik in Expansionsphasen ein stetiger Versuch, expansive Entwicklungen nach Ordnungsprinzipien zu kanalisieren.

Unter diesen spezifischen und in mancher Hinsicht unausgewogenen Rahmenbedingungen der ökonomischen Expansion muß auch die Einseitigkeit in der instrumentellen Rollenauslegung der Raumordnung in derartigen Phasen gesehen werden. Denn angesichts des für ihre Aufgabenstellung kaum umstrittenen Primats sozialer bzw. sozialstaatlicher Zielvorstellungen mußte die Raumordnung zwangsläufig zu einem Instrument zur Durchsetzung derartiger sozialer Postulate entwickelt werden, einmal um zu verhindern, daß diese nicht-ökonomischen Ziele in den Hintergrund gedrängt würden und zum anderen, weil die ökonomische Entwicklung als solche in der Expansion keiner weiteren Stimulierung bedurfte.

Moralisch abgestützt durch ihren sozialstaatlichen Auftrag und materiell unterbaut durch die erwirtschafteten überschüssigen Verteilungspotentiale konnte die Raumordnung sich zugleich als

---

[110]) S. a. BUTLER, GERLACH, LIEPMANN: „Grundlagen...", ebenda, S. 123 f; s. a. „Wirtschaftlicher und sozialer Wandel...", ebenda, S. 327 ff.

[111]) S. a. H. AFHELDT: „Der Wachstumsschock". In: ‚Struktur' 4/1976, S. 82 f.

Instrument zur ‚technokratischen' Koordination mit – nicht nur auf Länderebene! – ressortübergreifendem Charakter begreifen und d. h. als neutrales, gewissermaßen über den Dingen stehendes und insoweit auch wertendes Abstimmungsmedium zwischen der Vielzahl raumbeanspruchender Entwicklungsfaktoren[112]).

Unter der Prämisse, daß diese Situation andauern werde und d. h., daß wirtschaftliche (und demographische) Expansion als perpetuierter Normalzustand der gesellschaftlichen Entwicklung zu betrachten sei, wurde auch die dafür entwickelte Rolle der Raumordnung als dauernde und gewissermaßen endgültige Rolle verstanden[113]).

1.3.3 Rollenveränderungen der Raumordnung bei stagnierender Wirtschaft

Die instrumentelle Rolle von Raumordnung in einer stagnierenden Wirtschaft und Gesellschaft wird hinsichtlich ihrer Einsatzfähigkeit und Effizienz durch das Umschlagen der ökonomischen und sozialen (demographischen) Tendenzen und Komponenten von Wachstum in Stagnation sehr nachdrücklich und dazu um so stärker beeinflußt, je länger die Stagnationsphase andauert. Denn da der Umschwung von Expansion in Stagnation nicht auf einen Schlag erfolgt, stehen auch der Raumordnung zunächst noch Potentiale zur Verfügung, die erst allmählich zu versiegen beginnen.

Zu den wesentlichen Indizien und Komponenten der Stagnation (in Bezug auf die Raumordnung) gehören
- die reichliche Kapitaldecke bei reichlichem Angebot an Arbeitskräften aber geringer Investitionsneigung,
- die Schwächung bzw. im Extremfall der Fortfall der ökonomischen Expansionskräfte,
- die damit Hand in Hand gehende Schwächung in allen gesellschaftlichen Bereichen, u. a. durch den Rückgang der verfügbaren Investitionsmittel,
- das Primat ökonomisch ausgerichteter Zielsetzungen (Arbeitsplatzsicherungspolitik) gegenüber sozialstaatlichen Zielen anderer Art,
- die Verminderung der Bedrohungen ökologischer und sozialer Systeme als Folge der Schwächung des ökonomischen Expansionsdrucks.

Während in der Expansionsphase Stimulierungen der Wirtschaft sich erübrigten, solange diese von selbst lief, und ökologische und soziale Systeme mit hoher Priorität vor den Auswirkungen des Wirtschaftswachstums geschützt werden mußten, bewirkt die ökonomische Stagnation eine Umkehrung dieser Wertvorstellungen. Jetzt genießt die Ankurbelung der Wirtschaft absolute Priorität auch im sozialstaatlichen Sinne, weil die Erhaltung und Schaffung von Arbeitsplätzen zum wichtigsten sozialen Anliegen wird, womit Umwelt- und Gerechtigkeitsforderungen auf nachrangige Plätze verwiesen werden[114]).

In Stagnationsphasen dominiert daher die Entwicklungsfunktion der Raumordnung gegenüber der Ordnungsfunktion, bzw. es gebührt der Entwicklungsfunktion das instrumentelle Primat. Auf eine solche Wendung ist aber die Raumordnung der vorherigen Phase nicht eingestellt, so daß es ihr schwerfällt, diese Umgewichtung nachzuvollziehen und d. h. das sozialstaatliche Primat in Stagnationsphasen insoweit zurückzustellen.

---

[112]) S. a. STIENS: „Landesforschung im Raumplanungsprozeß", ebenda, S. 51 f.; s. a. U. BRÖSSE: „Raumordnungspolitik als integrierte Entwicklungspolitik", Schriften d. Kommission f. wirtsch. u. sozialen Wandel, Band 97, Göttingen 1975, S. 4 ff.
[113]) S. a. P. G. ROGGE: „Tendenzwende – Wirtschaft nach Wachstum", S. 12 ff.
[114]) S. a. K. GANSER: „Großräumige und kleinräumige Konflikte in der Verteilung von Arbeitsplätzen", ebenda, S. 24 (436) f.

Damit verliert aber gerade die bislang im Vordergrund stehende Rolle der Raumordnung als Steuerungselement zur Eingrenzung, Kanalisierung und – im Optimalfall – Umsetzung überbordender oder sich schädlich auswirkender ökonomischer Wachstums- und Veränderungsimpulse an moralischem Rückhalt und realer Bedeutung.

Auch das bislang im Rahmen der Regionalpolitik verwendete Steuerungsmittel, das überschüssige und insoweit verfügbare und einsetzbare ökonomische Verteilungspotential, zerrinnt mehr und mehr, je geringer die Bestandzuwächse werden, aus denen es gespeist wird. Für die bisherige, von sozialstaatlichen Zielen geprägte instrumentelle Rolle der Raumordnung bedeutet das eine weitere wesentliche Einengung oder gar Umwertung, weil Raumordnung in solchen Stagnationsphasen, in denen das ökonomische Hemd der Bevölkerung näher liegt als der sozial gerecht geschneiderte Rock, als Aufgabe und im Rollenverständnis neu formuliert werden muß, bevor der instrumentelle Zugriff definiert werden kann[115]).

Auf jeden Fall kommt es mit andauernder Stagnation zu immer stärkeren Gewichtsverlagerungen und Umwertungen zwischen den drei raumbestimmenden Komponenten Ökonomie, Ökologie und Sozialpolitik, und zwar zugunsten der in solchen Perioden politisch wichtigeren Förderungen ökonomischer Komponenten und zu Lasten der beiden anderen.

Im Ergebnis ist in Perioden der Stagnation die Realisierung ökologischer, insbesondere aber sozialer Zielvorstellungen aus Mangel an Verteilungssubstanz und als Folge politischer Umgewichtungen nur noch in engerem Rahmen leistbar[116]). Allerdings läßt sich am Beispiel der immer noch andauernden Umweltdiskussion auch zeigen, daß soziale und ökologische Aspekte und Zielsetzungen auch unter den eingeschränkten Bedingungen der Stagnation dann zum Tragen kommen können, wenn sie arbeitsplatzfördernd sind bzw. eine besonders starke Verknüpfung mit den ökonomischen Belangen aufweisen.

Abgesehen von solchen Beispielen ist aber deutlich, in welch entscheidendem Maße sich die politischen wie auch die ökonomischen Prioritäten im Gefolge der Trendveränderungen mitverändert haben. Demzufolge muß sich auch das Schwergewicht der instrumentellen Rolle der Raumordnung diesen Veränderungen anpassen und sich von der angewandten Sozialpolitik stärker in Richtung auf die regionalisierte Wirtschaftspoltik hinentwickeln[117]).

1.4 Ausprägungen der vorherrschenden ökonomischen Entwicklung

Die ökonomische Entwicklung in der z. Z. noch andauernden Konsolidierungsphase wird – im Unterschied zu den überwiegend einheitlichen Tendenzen in der Expansionsphase – von Komponenten bestimmt, die in Wirkungsrichtung und -stärke uneinheitlich, zum Teil gegensätzlich oder in sich widersprüchlich zu sein scheinen. Einige davon treten als Mangel- oder Gefährdungsfaktoren in Erscheinung, andere in Form von innovativ wirkenden Veränderungen, während bei noch anderen die bisherigen Tendenzen sich mehr oder weniger deutlich fortsetzen[118]).

---

[115]) S. a. „Wirtschaftlicher u. sozialer Wandel in der BRD", ebenda, S. 327 f.
[116]) S. a. Raumordnungsbericht 1974, S. 10 f.; s. a. BROP, S. 27, S. 42.
[117]) S. a. E. v. Böventer: „Die räumlichen Wirkungen von öffentlichen und privaten Investitionen", ebenda, S. 169 ff.
[118]) S. a. P. Rogge: „Tendenzwende . . .", ebenda.

1.4.1 Mangel- und Gefährdungsfaktoren

Die grundsätzlich eher auf Moll gestimmte Konsolidierungsphase läßt sich entsprechend durch eine Reihe von – weniger materiell als vielmehr psychologisch wirksamen – Mangel- und Gefährdungsfaktoren kennzeichnen, von denen die meisten zwar schon vorhanden waren, sich aber im Gefolge des Öl- bzw. Energie-Schocks von 1973 summiert oder doch stark in den Vordergrund geschoben haben und so einen immer stärkeren Einfluß auf die Raumordnung auszuüben beginnen.

Zu solchen ‚Negativfaktoren' sind zu rechnen:
- die Mangelerscheinungen, die auf einigen Wirtschaftssektoren mit Schlüsselfunktion aufgetreten sind oder erwartet werden, wie z. B. in der Energieversorgung und der Versorgung mit einigen Bodenschätzen (vorwiegend Metalle),
- die schon eingetretenen oder erwarteten Gefahren im Gefolge von Übernutzungen lebenswichtiger Ressourcen (ökologische Gefahren z. B. durch Überindustrialisierung, Übernutzung von Wasserschätzen, Verunreinigungen von Luft, Wasser und Untergrund)[119],
- die langfristigen Schädigungen der gesellschaftlichen Entwicklungen durch irreversible Fehlnutzungen, wie z. B. die Verwertung fossiler Bodenschätze zur Energiegewinnung anstatt zur Gewinnung chemischer Grundstoffe,
- die mittelfristigen Beeinträchtigungen der Wirtschaftsentwicklung durch psychologische Hemmungen und Schwellen[120],
- die kurzfristigen Beeinträchtigungen der Wirtschaftsentwicklung durch Unsicherheiten in den Prioritätssetzungen und im Ausbauvolumen sektoraler Bedarfsplanungen, die – wie in der Energie-, in der Verkehrswege- oder in der Bildungsplanung – durch Umbewertung ganzer Sektoren bzw. auch durch demographische Entwicklungen bedingt sind.

Bei der Durchsicht dieser ‚Negativfaktoren' ist auffällig, daß sie überwiegend eher durch Unsicherheiten als durch nachprüfbare materielle Komponenten zustande zu kommen scheinen. Ihr Einfluß ist also mehr atmosphärisch als realitätsbezogen. Dennoch wirkt er sich auf dem gedämpften Hintergrund eines vorsichtig taktierenden Konsolidierungsbewußtseins durch die Summierung von Verunsicherungsfaktoren beträchtlich aus.

1.4.2 Innovative Veränderungen und Umwertungen

Hinzu kommen weitere Komponenten, die sicherlich nicht als negativ einzustufen sind, wohl aber als Veränderungsfaktoren einer neuen Art, deren Ausrichtung und Auswirkungen in vielen Fällen noch nicht zu übersehen sind.

So werden die eingeleiteten Veränderungen in der Energiewirtschaft in doppelter Hinsicht die wirtschaftliche Entwicklung beeinflussen: einmal durch die erforderlich gewordenen kurz- und mittelfristigen Umprogrammierungen in den Prioritäten der z. Z. beherrschten Energieerzeugungsarten (Öl, Kohle, Kernspaltung), und zum anderen durch die bevorstehende oder doch mittelfristig zu erwartende Einführung neuer Technologien zur Energieerzeugung, wie etwa der 2. Generation der Kernspaltung, der Kernfusion oder der Solarenergien. Die Raumordnung wird durch diese Entwicklungen nicht nur instrumentell, sondern auch in ihren Zielsetzungen und ihrem Organisationsgefüge betroffen werden[121].

---

[119] S. a. *Beirat f. Raumordnung*, Empfehlung v. 16.6.1976: „Sicherung der natürlichen Lebensgrundlagen", ebenda, S. 69 ff.
[120] S. a. Verzögerung von Investitionen für Großkraftwerke u. a.
[121] S. a. W. ERNST: „Zur staatlichen Verantwortung für umweltbelastende Entscheidungen", ebenda.

Der erstaunlich schnell anwachsende Verflechtungsgrad von Kapital- und Güterströmen führt zu immer deutlicher hervortretenden Veränderungen der internationalen Wirtschaftsstruktur, die mehr und mehr von den Auswirkungen fortschreitender Rationalisierungen geprägt wird. In deren Gefolge kommt es zu strukturverändernden Verlagerungen von Fertigungen und ganzen Produktionszweigen aus der Bundesrepublik in Länder mit niedrigerem Lohn- und höherem Produktivitätsniveau, deren strukturräumliche Auswirkungen sich in besonders betroffenen Regionen bereits abzuzeichnen beginnen[122]).

Weiter resultieren aus dem Zusammentreffen von zunächst unkoordiniert ablaufenden Wandlungsprozessen auf technologischen, ökonomischen und organisatorischen Bereichen innovative Veränderungen bislang geltender ökonomischer Rahmenbedingungen, die u. a. durch die Einführung immer größerer Parameter in den betreffenden Sparten charakterisiert werden. Der damit eingeleitete Vergrößerungs- und Veränderungsprozeß wirft bereits so schwierige Gleichgewichts- und Strukturprobleme auf, die durch die immer sprunghafter verlaufenden Änderungen in den Wechselkursrelationen der Industrieländer zusätzlich verkompliziert werden[123]).

In der Summe bewirken diese Wandlungsprozesse Modifizierungen der über lange Jahre gültigen internationalen Arbeitsteilung, durch deren Auswirkungen auch die räumliche Makrostruktur der Bundesrepublik beeinflußt und verändert werden wird[124]).

Zusätzlich wird die Wirtschaftsstruktur der Bundesrepublik auch durch Veränderungen in den nationalen und regionalen Standortfaktoren sowie durch interne Umbewertungen von Kostenstrukturen beeinflußt, deren Ursprünge nur zum Teil auf universale Entwicklungen, zum anderen auf eher interne Prozesse zurückzuführen sind.

So hat das – im Verhältnis zu anderen Industriestaaten – überhöhte Lohnniveau in manchen Industriebranchen der Bundesrepublik zum Verlust von lange behaupteten Standortvorteilen geführt, wie andererseits die Entwicklung neuer Technologien auch zum Verlust von Standortfaktoren beigetragen hat, die bislang für die Entwicklung der betroffenen Sparten von entscheidender Bedeutung waren[125]).

Überhaupt wird das überlieferte und seit dem letzten Krieg meist nur überformte Standortmuster der Bundesrepublik von Umgewichtungen wesentlicher Standortfaktoren betroffen, deren Ursachen einmal in der Durchsetzung der immer enger werdenden weltweiten Arbeitsteilung, und zum anderen in der 3. (elektronischen) industriellen Revolution zu suchen sind, deren Auswirkungen immer deutlicher zutage treten.

Als „3. (elektronische) industrielle Revolution" wird seit einiger Zeit die Summe von Wandlungsprozessen bezeichnet, die allesamt durch technologische Innovationen in den elektronischen Bereichen in Gang gesetzt oder doch mitverursacht werden. Überwiegend handelt es sich dabei um Innovationen in der Regelungstechnik, bei der die bislang angewandten konventionellen mechanischen und elektromechanischen Regelungssysteme durch elektronische Regelungselemente (z. B. Mikroprozessoren) ersetzt werden, die kleiner, einfacher, leichter und billiger sind und zudem auch von nur angelernten (und damit ebenfalls billigeren) Arbeitskräften hergestellt werden können.

---

[122]) Z. B. die Region Braunschweig als Hauptstandort der deutschen Foto-Industrie.
[123]) S. a. P. ROGGE: „Tendenzwende...", ebenda, S. 40 ff.
[124]) S. a. D. SCHRÖDER: „Standortplanung und Raumpolitik". In: ‚Standortpolitik und Unternehmensplanung', Basel 1975, S. 8 ff.
[125]) S. a. KUMMERER, SCHWARZ, WEYL: „Strukturräumliche Ordnungsvorstellungen des Bundes", ebenda, S. 158 ff.

Durch diese Innovationen werden Verdrängungsprozesse in so unterschiedlichen Wirtschaftsbereichen wie der Drucktechnik, der Hausgeräte- und der elektronischen Unterhaltungsindustrie aber ebenso in der Regelungstechnik des gesamten Maschinenbaus und in buchstäblich allen feinmechanischen Wirtschaftszweigen ausgelöst, deren ganzes Ausmaß heute noch kaum zu übersehen ist.

Im Unterschied zu den vorhergegangenen 1. und 2. industriellen Revolutionen, in deren Verlauf zwar technisch oder ökonomisch überholte konventionelle Arbeitsplätze wegfielen, dafür aber eine weitaus größere Zahl kapitalintensiver Arbeitsplätze als Folgen der Maschinisierung in der 1. und der Mechanisierung und Automatisierung in der 2. Industrialisierungsphase neu geschaffen werden konnten, fallen der 3. industriellen Revolution bislang mehr konventionelle Arbeitsplätze zum Opfer, als neue erforderlich werden[125a].

Ebenfalls im Unterschied zu den beiden früheren Industrialisierungsphasen kann die derzeitige elektronische Revolution als Abfallprodukt oder doch als Fortführung technischer Errungenschaften aus anderen Bereichen (z. B. der Raumfahrttechnik) angesprochen werden, so daß der dafür erforderliche Entwicklungsaufwand geringer eingeschätzt werden kann als bei den vorhergehenden Industrialisierungsschüben.

Da auch der Produktionsaufwand bzw. die Herstellungskosten als solche relativ niedrig zu veranschlagen sind (immer nach den geleisteten Entwicklungsinvestitionen), ist diese dritte Industrialisierungsphase auch weniger kapitalintensiv als die vorhergehenden. Abzuwarten bleibt, ob bzw. inwieweit mit diesen vereinfachten Produktionsfaktoren auch Möglichkeiten für eine stärkere räumliche Streuung derartiger Produktionen eröffnet werden können.

Neben den Wandlungserscheinungen, die auf diese dritte Industrialisierungswelle zurückzuführen sind, werden aber weiterhin auch andere, ältere oder einfacher zu handhabende aber mit höheren Lohnkostenanteilen belastete Fertigungen im Rahmen der angeführten weltweiten Arbeitsteilung durch anspruchsvollere Technologien verdrängt bzw. in weniger entwickelte Länder abgedrängt. Ähnliches trifft für Fertigungen von Massengütern zu, die ebenfalls in Niedriglohnländer verlagert werden.

Ganz allgemein scheinen sich diese Innovations- und Verdrängungsprozesse weiter zu beschleunigen, wobei es häufig offenbleibt, inwieweit ökonomische Komponenten hier die technologischen bedingen oder umgekehrt[126].

Im Ergebnis tritt jedenfalls eine Veränderung der überkommenen ökonomischen Strukturen ein, die sich in wirtschaftlich vielfältig strukturierten Räumen über längere Zeiträume hinziehen kann und dort auch weniger spürbar wird als in weniger vielfältig oder gar monostrukturierten Gebieten, in denen solche Verdrängungsprozesse zwangsläufig diskontinuierlicher abrollen und zudem erst sichtbar werden, wenn in den betreffenden Sektoren technologische, ökonomische oder auch organisatorische Schwellen überschritten werden[127].

Solche Ablösungen überalterter oder aus anderen Gründen nicht mehr konkurrenzfähiger Branchen oder Fertigungen durch innovationsbedingte neue und rentierlicher arbeitende Sparten haben schwerwiegende Auswirkungen auf ganze Berufszweige (so wird der Beruf des Setzers mit der Einführung des Computersatzes weitgehend überflüssig) aber auch auf ganze Regionen, sofern überholte Branchen oder Fertigungen dort mit hohen Arbeitsplatzanteilen

---

[125a] S. a. M. JUNGBLUT: „Heinzelmann oder Killer". In: ‚Die Zeit' Nr. 11 v. 9.3.1979.
[126] S. a. P. ROGGE: „Tendenzwende...", ebenda, S. 40 ff.
[127] S. a. KUMMERER, SCHWARZ, WEYL: „Strukturräumliche Ordnungsvorstellungen des Bundes", ebenda, S. 158 ff.

konzentriert sind. So werden Teile von Württemberg, in denen feinmechanische Fertigungen in Klein- und Mittelbetrieben vorherrschen, von der Ersetzung mechanischer Regelkreise durch (elektronische) Mikroprozessoren hart betroffen, die in anderen Regionen und bis auf weiteres in Großbetrieben gefertigt werden[128]).

Die Auswirkungen solcher Ablösungsprozesse auf die Raum- und Wirtschaftsstruktur variieren also, je nachdem, ob bzw. inwieweit die ökonomischen und sozialen Folgen von den regionalen Arbeitsmärkten aufgefangen werden können.

Es kommt hinzu, daß die unübersehbare Zunahme internationaler Verflechtungen auf so gut wie allen Wirtschaftssektoren auch zu einer relativen wie absoluten Vermehrung übernationaler – und das heißt im wesentlichen fremdgesteuerter – ökonomischer und technologischer Einflußnahmen auf die jeweiligen nationalen Wirtschaften geführt hat und vermutlich auch weiterhin führen wird, deren Ausgangspunkte und Zielgebungen überwiegend exogen sind und von nationalen Gremien nur noch bedingt beeinflußt werden können[129]).

Allerdings hat die Raumordnung in der Bundesrepublik die Vielzahl ökonomischer und technologischer Vorgaben, Verflechtungen und Gesetzmäßigkeiten aus dem dargestellten Rollenverständnis heraus auch bislang nur zögernd berücksichtigt, wie auch ihr Verhältnis zu ökonomischen Entwicklungen lange von Vorstellungen geprägt war, die den Realitäten von Ursache und Wirkung ohnehin nur bedingt entsprachen[130]).

Doch wird in der Zusammenschau dieser verschiedenartigen, aber allesamt auf Veränderung bestehender Verhältnisse hinwirkenden Tendenzen deutlich, daß der ohnehin geringe, quasi-autonome, überwiegend endogen bestimmte Gestaltungsspielraum, den die Raumordnung in der Bundesrepublik auf Bundes- und Länderebene zu haben glaubte, durch die Zunahme exogener Wirkungsfaktoren mit starken Auswirkungen auf die Wirtschafts- und Sozialstruktur des Landes – gleich ob diese Komponenten in ihren räumlichen Auswirkungen konform oder kontrovers zu raumordnungspolitischen Zielsetzungen des Bundes sein mögen – noch weiter eingeschränkt wird. Damit vermindert sich aber das bislang noch denkbare Ausmaß an Steuerungsfähigkeit der räumlichen Entwicklung durch Bund und Länder weiter, ohne daß bislang Wirkungskräfte sichtbar würden, die dieser Einengung entgegenzusetzen wären.

Für die Raumordnung als generelle Aufgabe ergeben sich daraus Rückwirkungen sowohl in Bezug auf eine erforderlich werdende Neudefinition ihrer Tätigkeitsmerkmale und d. h. ihrer Rolle als auch hinsichtlich der Notwendigkeit zur Entwicklung geeigneter Instrumentarien, um den raumbedeutsamen Folgen dieser Prozesse angemessen begegnen zu können.

Dabei ist nicht auszuschließen, daß diese derzeitige Situation eines allgemeinen Wandels in den ökonomischen und damit auch sozialen Beziehungsgefügen zugleich eine Chance für die Raumordnung als Aufgabe mit sich bringen wird, und zwar im Sinne einer Neubewertung und einer politisch eher wirksamen Neugewichtung des Gesamtkomplexes[131]).

---

[128]) S. a. *Beirat f. Raumordnung*, Empfehlungen v. 16.6.1976, S. 10 ff.
[129]) S. a. „Wirtschaftl. u. sozialer Wandel in der BRD", ebenda, Kapitel VIII, Wettbewerbspolitik, S. 386 ff.
[130]) S. a. E. v. Böventer: „Die räumlichen Wirkungen . . .", ebenda, S. 169 f.
[131]) S. a. H. Weyl: „Die Conférence Nationale d'Aménagement du Territoire vom 6. und 7. Dezember 1978 in Vichy". In: ‚Raumforschung und Raumordnung' 1/1979;

1.5 Raumrelevante Ausprägungen der politischen Situation

1.5.1 Politische Unsicherheiten

Im Zuge der gewandelten gesellschaftlichen und wirtschaftlichen Entwicklung der Bundesrepublik hat sich eine in Ansätzen schon früher spürbare Tendenz verstärkt, die – sehr im Gegensatz zu der Planungsgläubigkeit und Planungseuphorie der sechziger Jahre – von Zweifeln und Unsicherheiten bei der Bewertung von Nutzen, Zielen und Verwirklichungsmöglichkeiten räumlicher Ordnung im allgemeinen und von Raumordnungspolitik im besonderen gekennzeichnet wird[132]).

Die hier zutage tretende politische Unsicherheit ist sicherlich als Teil der allgemeinen politischen Malaise zu bewerten, die generell auf alle Formen des vielfältigen Tendenzwandels in der Entwicklung der Bundesrepublik mit Unverständnis und Unsicherheit reagiert, zum anderen aber auch als Ausdruck der Enttäuschung und des Mißvergnügens über das offenbare Versagen von Systemen und Instrumenten, die lange Jahre als eine Art von zuverlässigem Regulativ bei der Entwicklung der sozialen Wohlstandsgesellschaft gegolten hatten.

Der enttäuschte Glaube in die Planbarkeit gesellschaftlicher und ökonomischer Entwicklungen hat insoweit dazu beigetragen, daß die räumliche Ordnung als solche als ineffizient, uninteressant und damit als politisch unerheblich abqualifiziert wurde und so in ein politisches Abseits geraten ist[133]).

Damit wird Raumordnung als wesentliche systembedingte Steuerungsaufgabe der fortgeschrittenen sozialen Industrie- und Dienstleistungsgesellschaft infrage gestellt und gerät mehr und mehr in die Gefahr, ihren nach Jahren allgemeiner politischer Ablehnung recht mühsam errungenen politischen Status einzubüßen, und das in einer Phase, in der räumliche Planung trotz Mangels an verfügbarer Masse aus generellen sozio-ökonomischen Gründen so wichtig wie kaum je zuvor sein müßte[134]).

Unter solchen Umständen ist die z. Z. vorherrschende politische Situation in Bezug auf Funktion und Wirkungsmöglichkeiten der Raumordnung nur mit fehlendem politischen Willen zu dieser Gestaltungsaufgabe zu umschreiben und mit mangelnder Einsicht in die Notwendigkeiten grundlegender raumordnungspolitischer Neuorientierungen[135]).

Da somit der politische Impetus fehlt, der die Voraussetzung für das Aufbrechen einmal eingenommener, verkrusteter raumordnungspolitischer Positionen zu sein hätte, kann es nicht Wunder nehmen, daß die alten Rezepte der Raumordnungspolitik des Bundes zur Erreichung gleichwertiger Lebensbedingungen in allen Teilen des Bundesgebiets zunächst beibehalten werden, wenn auch unter Reduzierung des für realistisch gehaltenen Ausmaßes eines solchen Ausgleichs räumlicher Disparitäten[136]).

Daneben wächst aber – in mittelbarer Resonanz auf die vielfältigen Äußerungen des Ungenügens an einer so festgefahrenen Raumordnungspolitik – die Einsicht in die Realitätsferne und Problematik der allzulange verfolgten Raumordnungskonzeption, die den vielfach veränderten Rahmenbedingungen eines sich immer weiter differenzierenden Industrie- und Dienstleistungs-

---

[132]) S. a. J. Schulz zur Wiesch: „Regionalplanung ohne Wirkung?", ebenda, S. 21 ff.
[133]) S. a. W. Ernst: „Zur staatlichen Verantwortung für umweltbelastende Entscheidungen", ebenda; s. a. Buttler, Gerlach, Liepmann: „Grundlagen der Regionalökonomie", ebenda, S. 164 ff.
[134]) S. a. W. Ernst: „Zur staatlichen Verantwortung ...", ebenda.
[135]) S. a. Erklärung der Bundesregierung v. 12.4.1977, ebenda.
[136]) S. a. Bundesraumordnungsprogramm III/1.1, S. 42.

staates in Zukunft noch weniger gerecht zu werden verspricht, als das schon bisher der Fall war[137]).

Der Fortfall der früher verfügbaren endogenen demographischen und ökonomischen Verteilungspotentiale und die dargelegte Vermehrung exogener Wirkungspotentiale tragen zur weiteren Verstärkung dieser beginnenden Einsicht bei, wenn auch zunächst eher im para-politischen als im eigentlichen politischen Bereich.

Auf dieser Basis allgemeiner Unsicherheiten und mehr oder minder grundsätzlich nagender Zweifel hat inzwischen die Erörterung über mögliche Modifizierungen der bislang verfolgten Zielsetzungen und Zielsysteme der Raumordnung in der Bundesrepublik begonnen. Dabei wird es kaum noch darum gehen können, ob das überkommene, so gut wie ausschließlich sozial motivierte Zielsystem durch zusätzliche Postulate aus anderen Lebensbereichen ergänzt werden sollte, sondern lediglich, in welchem Rahmen und mit welchen Gewichtungen die für notwendig erachteten Ergänzungen durch ökologische und vor allem ökonomisch-funktionale Postulate in Angriff zu nehmen sind[138]).

Solange diese dringend gebotene gesellschaftspolitisch begründete Umstrukturierung von Grundvorstellungen räumlicher Ordnungstätigkeit noch nicht abgeschlossen ist, können auch noch keine präziseren Ansätze für ein entsprechend modifiziertes Rollenverständnis vorliegen. Vielmehr bereitet die Suche nach politischen Rahmenbedingungen für die Raumordnung in einem pluralistisch verfaßten Bundesstaat nach wie vor Schwierigkeiten, weil dieser Staat sich zwar gesamtwirtschaftlich konsolidiert, sich dabei aber an nach wie vor lebhaften internen Umverteilungsansprüchen und -prozessen zu orientieren hat und das ohne hinreichend verfügbare zusätzliche sozio-ökonomische Wachstumspotentiale[139]).

1.5.2 Zurückbleiben des Aufgabenbewußtseins

Zu diesen Schwierigkeiten gehört u. a. auch das offenbare Zurückbleiben des Aufgabenbewußtseins ‚Raumordnung' hinter den gewandelten und sich weiter wandelnden gesellschaftlichen Aufgabenstellungen. Das mag sowohl historische als auch politische Ursachen haben. Denn der Ursprung der Raumordnung in der Bundesrepublik Deutschland war eben nicht die Rolle eines grundgesetzlich abgestützten Vehikels zur Einleitung sozialpolitisch motivierter Umverteilungsprozesse (wie es eigentlich zu erwarten gewesen wäre), sondern lediglich eine – sehr viel bescheidenere – technisch-instrumentelle Rahmenfunktion gewissermaßen als ‚Bundesdeckel' über der bis dahin unabgestimmten Vielzahl von Landesplanungen der einzelnen Bundesländer[139a]).

Erst später hat sich die Raumordnung zum Teil einer immer umfassender ausgebauten sozialpolitisch motivierten Kompensationspolitik entwickelt, gewissermaßen als deren räumlicher Niederschlag. Entsprechend empfand sie sich lange in einer Art Gegenposition zu den stürmischen ökonomischen Entwicklungen der Expansionsphase. Das ‚Gegensteuern' gegen Auswüchse und Einseitigkeiten des wirtschaftlichen Wachstums, der Wille zum räumlichen Ausgleich der sich herausbildenden ökonomischen Ungleichgewichte gehörten damit zum inneren Kern dieses historisch fortentwickelten Aufgabenbewußtseins.

---

[137]) S. a. *Beirat f. Raumordnung*, Empfehlungen v. 16.6.1976, S. 26.
[138]) S. a. *Beirat f. Raumordnung*, Empfehlungen v. 16.6.1976, S. 24 ff.
[139]) S. a. J. SCHULZ ZUR WIESCH: „Regionalplanung ohne Wirkung?", ebenda.
[139a]) S. a. „Die Raumordnung in der Bundesrepublik Deutschland" SARO-Gutachten, Stuttgart 1961, ebenda.

Unter diesen Umständen konnte es nicht ausbleiben, daß die sozio-ökonomische Wandlung von der Expansions- in die Konsolidierungs- oder ‚Reife-Phase'[139b]) der Raumordnung mit dem in Schach zu haltenden Gegenprinzip auch die Aufgabe als solche zu entziehen schien. Da sie zudem nach Überwindung ihrer nur-instrumentellen Anfangsphase sich mehr und mehr einem Aufgabenverständnis zugewandt hatte, das die Durchsetzung des sozialstaatlichen Primats in der Ordnung des Raumes zum Inhalt hatte, mußte es ihr in dem Zeitpunkt an Aufgaben der bisherigen Art zu fehlen beginnen, in dem die Voraussetzungen, die dieser Interpretation dieses Primats zugrunde lagen, sich zu verändern begannen.

Denn unter den geänderten Bedingungen der reifen Gesellschaft ist nicht mehr eine Konflikt- bzw. Disparitätenabbaupolitik gefragt, die den Wachstumsprozeß sozialpolitisch und raumstrukturell abfedern sollte, sondern eine auf Sicherung der langfristigen Existenzgrundlagen abzielende Stabilisierungspolitik bzw. eine Politik zur Sicherung und Entwicklung der vorhandenen Ressourcen.

Diese für das Selbstverständnis der Raumordnung in der Bundesrepublik bereits schwierige Übergangssituation wird zusätzlich erschwert durch die andauernde, mit bundesstaatlichen Rücksichtnahmen motivierte Scheu der Bundesregierung vor einer – unter diesen Umständen besonders dringenden – Ausfüllung vorhandener aber bislang nicht wahrgenommener Aufgabenfelder einerseits und noch bestehender rechtlicher Freiräume andererseits[140]).

Auf diese Tatbestände hatten der Beirat für Raumordnung, die Enquête-Kommission des Bundestages und die Kommission für wirtschaftlichen und sozialen Wandel[141]) seit längerem hingewiesen, ohne daß eine positive Reaktion der Bundesregierung zu verzeichnen gewesen wäre. Auch diese hier zutage tretende Abstinenz der Bundesregierung muß wohl auf das bislang einseitig sozialstaatlich bestimmte Aufgabenverständnis von Raumordnung zurückgeführt werden, gepaart mit einem offenbaren Mangel an Elastizität aber eben auch an Verständnis für die realen Fakten und Chancen dieses politischen Gestaltungsbereichs[142]).

Auf einem anderen Blatt steht die wachsende Bedeutung von raumordnerischen Außenaufgaben des Bundes, die im Gefolge der weiter zunehmenden internationalen Verflechtungen – vor allem im Rahmen der europäischen Gemeinschaften – mehr und mehr in Erscheinung treten. Dazu gehören die z. T. bereits praktizierten raumordnerischen Abstimmungen im Zuge der fortschreitenden Integrationsbemühungen des Ministerrats aber ebenso die sektoralen Koordinierungen und die Erarbeitung raumordnerischer Grundsätze für die Gemeinschaft, die noch eingehender behandelt werden wird[143]).

Aus diesem – exogen bedingten – weiteren Wandel in den raumordnerischen Funktionen und Positionen des Bundes müßte sich auch eine entsprechende Verlagerung und Verstärkung seiner Mittlerfunktionen zwischen solchen übernationalen Rahmensetzungen einerseits und den landesplanerischen Entwicklungsrahmen der Länder andererseits ergeben. Denn die derart verstärkte Interdependenz zwischen inter- und innernationalen raumordnungsrelevanten Entwick-

---

[139b]) S. a. H. GIERSCH: „Die Zukunft Europas – Chancen für eine reife Volkswirtschaft". In: FAZ, Nr. 47 vom 24.2.1979.
[140]) S. a. W. ERNST: „Zur staatlichen Verantwortung ...", ebenda.
[141]) S. a. „Wirtschaftl. u. sozialer Wandel in der BRD", ebenda, S. 321 ff.; s. a. *Beirat f. Raumordnung*, Empfehlung v. 3.7.1974, ebenda, S. 169 f.
[142]) S. a. Erklärung der Bundesregierung v. 12.4.1977, ebenda;
[143]) S. a. Gemeins. Konferenzen der Raumordnungsminister der EG v. 1970, 1973, 1976 u. 1978; s. a. *Beirat f. Raumordnung*, Empfehlungen zur europäischen Raumordnungspolitik von 1975 und vom 16.6.1976, ebenda.

lungen müßte durch ergänzende Rahmenrichtlinien und Eckdaten für den Gebrauch der Länder konkretisiert werden, um diese supranationalen Leitbilder und Vorgaben auch in die Entwicklungswirklichkeit der Bundesrepublik übersetzen zu können[144]).

Eine entsprechend ausgerichtete Aktivität des Bundes ist aber bislang kaum bzw. höchstens sektoral – wie etwa im Verkehrsbereich – festzustellen, so daß die Länder durch das Ausbleiben erforderlich werdender Rahmensetzungen des Bundes überfordert und insoweit in ihrer Entwicklung behindert werden. Besonders deutlich wird diese Fehlhaltung im Bereich der Energiepolitik, wo die Festlegung überregional und national verbindlicher Parameter für Energiegewinnung und -verteilung, aber auch von Standortrichtlinien und – in Fällen von übernationaler und nationaler Bedeutung – selbst von Standorten im Rahmen übernational konzipierter Programme erforderlich wird, um in Zukunft Anhäufungen „sperriger" oder sich gegenseitig ausschließender Raumnutzungen in Grenzgebieten vermeiden zu können[145]).

Auch das Nichttätigwerden des Bundes auf Gebieten, bei denen es – unabhängig von administrativen Kompetenzregelungen – eher auf das Setzen von Zeichen ankäme, wie etwa bei der Neubewertung der raumordnerischen Möglichkeiten oder bei der Aufzeigung modifizierter Zielansätze, wirkt sich auf die Länder und deren Raumplanung hemmend und verunsichernd aus. Denn mit zunehmender Verflechtung raumwirksamer Einzelimpulse zu überregionalen und immer häufiger auch übernationalen Prozessen bedürfen die Länder auch zunehmend der Zeichensetzung und Orientierung durch die koordinierende Bundesinstanz[146]).

Das Fehlen bzw. die andauernde Verzögerung selbst zugesagter Fortschreibungen von raumordnungspolitisch bedeutsamen Aussagen (etwa des Bundesraumordnungsprogramms[147]) ist insoweit kennzeichnend für die inzwischen eingetretene Situation, in der – von den Ländern dringend benötigte – Aussagen des Bundes entweder ganz unterbleiben oder in einem undefinierbaren Nebel unpräziser Aussagen zu verschwimmen scheinen[147a]).

1.5.3 Fazit aus der politischen Situation

Aus der Summierung der hier – sicherlich nicht erschöpfend, sondern eher beispielhaft – angeführten Tendenzen und Daten zur Charakterisierung der derzeitigen politischen Situation der Raumordnung in der Bundesrepublik Deutschland ergibt sich ein trübes, diffuses und wenig hoffnungsvolles Bild, das von Schwierigkeiten, Hemmnissen und Unsicherheiten aller Art gekennzeichnet ist und auch kaum Ansätze für eine grundsätzliche Änderung zu bieten scheint.

Die offenbaren Koordinierungsschwierigkeiten auf internationaler aber auch auf interregionaler Ebene, die zunächst eher auf instrumentelle Fehlstellen und methodische Mängel zurückzuführen wären, werden verstärkt und erhalten ihren zusätzlich grundsätzlichen Charakter erst durch die Unsicherheiten und die daraus resultierende Unfähigkeit zu einer ‚fortgeschriebenen' politischen Willensbildung in Bezug auf erforderlich gewordene Neukonzipierungen von Rollen und von – zumindest partiell – überdachten Zielen der Raumordnung an Hand von fortentwickelten und insoweit operationalen Bundesnormen.

---

[144]) S. a. *Beirat f. Raumordnung*, Empfehlungen zur Europäischen Raumordnungspolitik von 1975, ebenda.

[145]) S. a. H. WEYL: „Planerische und institutionelle Aspekte bei der Konzipierung kerntechnischer Anlagen". In: ‚ARL Arbeitsmaterial', Nr. 21, S. 60 ff.

[146]) S. a. *Beirat f. Raumordnung*, Stellungnahme v. 3.7.1974, S. 169 f.

[147]) S. a. Bundesraumordnungsprogramm, Ziffer IV, 2., S. 53.

[147a]) S. a. Raumordnungsbericht 1978, Deutscher Bundestag, Drucksache 8/2378 vom 11.12.78, II, S. 13 f.

Die auf Bundesebene z. Z. zu beobachtende niedrige Prioritätsstufe des Aufgabenbereichs ‚Raumordnung'[147b]) verhindert wiederum – gerade als folge der bislang vorherrschenden überwiegend sozialstaatlichen Ausrichtung aller Raumordnungspolitik und wegen der inzwischen eingetretenen Umgewichtungen als Folge der veränderten ökonomischen Grunddaten – bis auf weiteres jede grundlegende Änderung dieses wenig glücklichen Zustandes[148]).

[147b]) S. a. H. WEYL: „Die Conférence Nationale d'Aménagement du Territoire vom 6. und 7. Dezember 1978 in Vichy", ebenda, aus der die im Gegensatz zu der Bundesrepublik besonders hohe Prioritätsstufe der Raumordnung in Frankreich deutlich wird.

[148]) S. a. SCHULZ ZUR WIESCH: „Regionalplanung ohne Wirkung?", ebenda, s. a. W. ERNST: „Zur staatlichen Verantwortung für umweltbelastende Entscheidungen", ebenda; s. a. H. J. v. d. HEIDE: „Raumordnung 1977 in rechtlicher Sicht". In: „Der Landkreis" Nr. 7/1977, S. 242 ff.

2. Analyse der Rollen und Rollenverständnisse von Raumordnung

2.1 Prämissen und gesellschaftliche Grundlagen

2.1.1 Prämissen

Eine Analyse der im ersten Teil dieser Untersuchung dargelegten funktionalen Vorstellungen und unterschiedlichen Rollenverständnisse, die bislang die Positionen der Raumordnung auf den beiden staatlichen Wirkungsebenen der Bundesrepublik bestimmt haben, hat von den folgenden Prämissen auszugehen:

1. Raumordnung ist zwar ein einheitlicher und in sich geschlossener Wirkungsbereich des Staates. Im föderalistischen Aufbau der Bundesrepublik ist dieser Aufgabenbereich jedoch derart auf die beiden staatlichen Ebenen aufgeteilt, daß dem Bund die „Vollkompetenz für die Bundesraumordnung kraft Natur der Sache, die Rahmenkompetenz für die Raumordnung, für den Wasserhaushalt, den Naturschutz und die Landespflege sowie die Vollkompetenz aus Art. 74 Nr. 18 GG"[149]) zusteht, dazu die Vollkompetenz für die raumwirksamen Fachressorts des Bundes.

   Dagegen haben die Länder die Vollkompetenz für die Raumordnung in ihren Bereichen in Ausfüllung der Rahmenkompetenz des Bundes und abzüglich der Fachkompetenzen des Bundes. Diese Kompetenzaufteilung ist durch die Raumordnungsberichte des Bundes und durch den Kompromißcharakter des Bundesraumordnungsprogramms (BROP) von 1975 nach außen zeitweise verwischt worden. Doch ist jedes Rollenverständnis von Raumordnung a priori daran zu messen, inwieweit es dieser Verfassungswirklichkeit Rechnung trägt.

2. Den unterschiedlichen Raumordnungskompetenzen auf den beiden staatlichen Wirkungsebenen entspricht auch ein unterschiedliches Verständnis von Raumordnung, das sich vorab durch die Problematik zwischen der globalen und sektoralen Interessenlage auf der Bundes- und der regionalen aber umfassenden Interessenlage auf den Landesebenen ausdrücken läßt und damit zugleich auch die potentiell gegebene Konfliktsituation verdeutlicht.

3. Raumordnung wird im allgemeinen Verständnis als sozialstaatliche Aufgabe anerkannt. Die Art dieser sozialstaatlichen Aufgabe ist aber nicht gleichbleibend, sondern abhängig von dem jeweiligen sozio-ökonomischen Zustand des Staates und seiner Gesellschaft. Entsprechend unterscheidet sich auch das sozialstaatliche Rollenverständnis der Raumordnung, je nachdem, welche Entwicklungsphase Gesellschaft und Staat durchlaufen.

   In der sozio-ökonomischen Entwicklung der Bundesrepublik zeichnen sich bisher drei Phasen ab, die durch unterschiedliche sozio-ökonomische Aggregatzustände gekennzeichnet

---

[149]) Zitiert nach W. ERNST: „Zur staatlichen Verantwortung für umweltbelastende Entscheidungen", ebenda.

sind und damit auch durch unterschiedliche sozialstaatliche Rollenverständnisse der jeweiligen Raumordnung. Es sind dies:

- die Ausgangsphase, in der die soziale Aufgabe der Raumordnung in der Sicherung einer Grundausstattung der Bevölkerung zu sehen war,
- die Entwicklungsphase, in der es soziale Aufgabe der Raumordnung war, die Qualität der Versorgung im Sinne gleichwertiger Lebensbedingungen in den Teilräumen der Bundesrepublik sicherzustellen,
- die Konsolidierungs- (Reife-) und Umstrukturierungsphase, in der es nunmehr soziale Aufgabe der Raumordnung sein muß, zur Sicherung der wirtschaftlichen Existenzgrundlagen der Bevölkerung im Zuge der vielfältigen Wandlungs- und Umstrukturierungsprozesse beizutragen, die u. a. auch durch die beginnende 3. (elektronische) industrielle Revolution in Gang gesetzt werden.

4. Die Auswirkungen der erst anlaufenden 3. industriellen Revolution werden die Rolle der Raumordnung auf beiden staatlichen Wirkungsebenen sektoral, u. U. auch global und sicherlich regional beeinflussen. Von ihr werden innovativ wirkende technologische und in deren Gefolge auch organisatorische Wandlungen verursacht, die die sozio-ökonomischen Grundlagen der Raumstruktur in der Bundesrepublik partiell verändern werden.

Die Umsetzung dieser Impulse in räumliche Strukturen wird die konventionellen – sowieso im Umbruch befindlichen – Aufgabenfelder der Raumordnung ebenfalls verändern; sie werden zum Teil neu gefaßt werden müssen. Doch könnte dieser Umwandlungsprozeß auch als Chance für das erforderliche Neuverständnis der Aufgabe ‚Raumordnung' und für die daraus resultierende Neugewichtung genutzt werden[150]).

2.1.2 Gesellschaftliche Grundlagen

Die verschiedenen Rollenverständnisse von Raumordnung in der Bundesrepublik basieren auch auf unterschiedlichen und mehr oder weniger weitgehenden Ansprüchen an Staat und Gesellschaft, deren moralische und gesellschaftspolitische Berechtigung (wie bei anderen sozialstaatlichen Aufgaben auch) auf Klauseln des Grundgesetzes zurückgeführt werden, und zwar auf die Klausel zur freien Entfaltung der Persönlichkeit, die Sozialstaatsklausel und die Klausel zur Wahrung der Einheitlichkeit der Lebensverhältnisse in den Bundesländern[151]).

Abgeleitet aus dieser letzten Klausel wurde die Erhaltung und Schaffung gleichwertiger Lebensverhältnisse in den Teilräumen der Bundesrepublik als sozio-ökonomische Voraussetzung für die räumliche Verwirklichung von Chancengleichheit akzeptiert[152]). Diese Interpretation hat sich zwar weitgehend durchgesetzt. Dennoch ist zu fragen, ob eine so argumentierende raumbezogene Interpretation „der freien Entfaltung der Persönlichkeit" als „Schaffung gleichwertiger Lebensbedingungen in allen Teilräumen" in der Ableitung aus der grundgesetzlichen Klausel zur „Wahrung der Einheitlichkeit der Lebensverhältnisse in den Bundesländern" überhaupt zulässig bzw. zutreffend und ausreichend sein kann, um die tatsächlichen Funktionen und die

---

[150]) S. a. Ziffer 1.4.2, S. 23 ff.
[151]) Art. 2 (1), Art. 20 (1) und Art. 72 (2), Nr. 3 GG.
[152]) S. a. BROP I. 1, S. 1 f.

sich wandelnden moralischen und sozialen Ansprüche der Raumordnung im sozialen Rechtsstaat voll begründen zu können[152a]).

In entwicklungsgeschichtlicher Sicht ist dazu vorab anzumerken:

1. Die Auslegung von Chancengleichheit im räumlichen Sinne als ‚Schaffung gleichwertiger Lebensbedingungen in allen Teilräumen der Bundesrepublik' bot sich Anfang der sechziger Jahre als raumbezogene pragmatische Interpretation der Chancengleichheit an, weil es wesentliche Aufgabe der Raumordnung in diesen Jahren – also noch zu Beginn der ‚Entwicklungsphase' – sein mußte, das im Gefolge der Kriegs- und Nachkriegsereignisse aus den Fugen geratene und unter verstärkten Ungleichgewichten leidende soziale Gefüge der Bundesrepublik in einen stabileren und auch räumlich ausgewogeneren Zustand zu versetzen.

2. Aus heutiger Sicht ist deutlich, daß es mit den damals zur Verfügung stehenden Instrumenten kaum gelingen konnte, eine bevölkerungs- und wirtschaftspolitische Konzeption dieses Ausmaßes zu verwirklichen[153]). Aus der damaligen Situation heraus mußte aber offenbar die Raumordnung als therapeutisches Instrument zum Kurieren an räumlichen Symptomen genereller Entwicklungen herhalten, weil wirksamere Instrumente zur Behebung der wahren Ursachen der Disparitäten verursachenden Erscheinungen noch nicht vorhanden waren.

3. Damit erklärt sich auch, warum die Raumordnung – in einer Art Wechselbad zwischen Unterschätzung und erheblicher Überschätzung ihrer Möglichkeiten – in diesen Jahren mit einem politischen Anspruchsniveau besonderer Art überfrachtet worden ist, das von ihr nicht zu leisten war, zumindest, solange noch keine Steuerungselemente vorhanden waren, die – wie das Institut der Gemeinschaftsaufgaben, das Stabilisierungsgesetz oder die Gemeinde-Finanzreform – die angestrebte Ordnung des Raumes durch ökonomische Ordnungsvorstellungen globaler, regionaler und sektoraler Art ergänzen konnten.

4. Schließlich war Raumordnung noch Ende der fünfziger Jahre selbst vom Grundsatz her umstritten, ja suspekt gewesen[154]), und noch keineswegs als sozialstaatliche Aufgabe anerkannt, geschweige denn institutionalisiert, so daß es auch insoweit einer Abstützung auf – z. T. etwas weit hergeholte – Klauseln des Grundgesetzes bedurfte, um der räumlichen Ordnung als politischer Zielvorstellung und Rahmensetzung gestaltenden Verwaltungshandelns zur Anerkennung und zu einem gewissen (wenn auch stets umstrittenen) Eigengewicht zu verhelfen.

Die Ableitung aus Forderungen des Grundgesetzes verschaffte der Raumordnung unter diesen Umständen einen kaum noch antastbaren, weil durch „Grundsätze von Verfassungsrang"[155]) geschützten und damit auch politisch aktivierungsfähigen Freiraum. Insoweit erklärt sich diese besondere Art der Interpretation von Chancengleichheit wenigstens zum Teil aus solchen – inzwischen historisch gewordenen – realen oder imaginären Sachzwängen.

Allerdings steht auf einem anderen Blatt, ob oder inwieweit die Anknüpfung der Raumordnung an Art. 72 (2) Nr. 3 GG. sowie die bislang so gut wie ausschließliche Ableitung der Oberziele der Raumordnung gerade von diesem Artikel des Grundgesetzes statthaft sind und einer rechtlichen Prüfung standhalten können.

[152a]) HÜBLER, SCHARMER, WEICHTMANN, WIRZ: „Zur Problematik der Herstellung gleichwertiger Lebensverhältnisse...", ebenda.
[153]) S. a. Raumordnungsberichte 1972 und 1974 der Bundesregierung, ebenda.
[154]) S. a. Ziffer 1.3.1, S. 16.
[155]) S. a. *Beirat f. Raumordnung*, Empfehlungen v. 16.6.1976, 3.2, S. 21.

Während ERNST Art. 72 (2) in solchen Zusammenhängen nicht erwähnt[156], wird von HÜBLER u. a. in neuerer Zeit geltend gemacht, daß „die formale Kompetenznorm des Art. 72 das diffizile Verhältnis von föderativer Selbständigkeit der Länder zu politischer Integration des Gesamtstaates anspricht" und sich „nicht auf den Ausgleich zwischen Entleerungs- und Ballungsgebieten bezieht". Artikel 72 spricht also „nur die Differenzierung zwischen politischen Landesgrenzen an, nicht aber die Differenzierung zwischen Teilräumen"[157].

Die Systematik in Anordnung und Formulierung des Grundgesetzes lassen wenig Zweifel daran, daß dem so ist. Dann würde aber die enge Ableitung der Raumordnung als Ganzem gerade von diesem Artikel des Grundgesetzes ebenso auf einem Irrtum oder Mißverständnis beruhen, wie die daraus gefolgerte Setzung des raumordnungspolitischen Oberziels der ‚Schaffung gleichwertiger Lebensbedingungen in allen Teilräumen der Bundesrepublik'.

Dagegen ist allgemein anerkannt, daß das ‚Sozialstaatsprinzip' der Art. 20 (1) und 28 (1) Satz 1 des Grundgesetzes und das Recht auf freie Entfaltung der Persönlichkeit (Art. 2 [1] GG) als die wesentlichen Grundlagen der Raumordnung zu gelten haben[158]. Dazu wurde bereits dargelegt[159], daß das Recht auf freie Entfaltung der Persönlichkeit (die ‚Chancengleichheit') wie auch die Grundrechte in ihrer Verfassungsposition als spezifische Aussagen zu dem Prinzip der Chancengleichheit, sich auf Menschen – die Bürger dieses Staates – beziehen und nicht auf Räume. Diese – eher simple und selbstverständliche Feststellung muß daher auch für alle Interpretationen gelten, die aus diesen Klauseln abgeleitet werden.

Die Grundrechte der Freizügigkeit und der freien Berufswahl[160], die – unter anderen – das Grundprinzip der ‚Freien Entfaltung der Persönlichkeit' spezifizieren, sind in ihren gesellschaftlichen Auswirkungen in hohem Maße raumbedeutsam. Denn beide bewirken alters- und schichtenspezifische Wanderungen bzw. sind Basis gesetzlicher Regelungen, die sich mittel- oder unmittelbar damit befassen. Jede Auslegung von Chancengleichheit, die diese Grundrechte bzw. die aus ihnen folgenden raumwirksamen Faktoren und Zielkomponenten nicht voll einbezieht, ist daher unvollständig, unausgewogen und unzureichend.

Denn gerade diese Grundrechte zielen auf die Gewährleistung der räumlichen und geistigen Bewegungsfreiheit (d. h. der horizontalen und vertikalen Mobilität) für alle Bürger und räumen daher allen Formen von Bewegungsfreiheit im Rahmen der freien Entfaltung der Persönlichkeit einen besonderen Verfassungsrang ein.

Die bislang verwendeten raumbezogenen Interpretationen, einmal von Chancengleichheit als ‚Schaffung und Erhaltung gleichwertiger Lebensbedingungen' und zum anderen von ‚Schaffung und Erhaltung gleichwertiger Lebensbedingungen' in der instrumentellen Auslegung als ‚Ausgleich räumlicher Disparitäten', bedeuten in dieser Sicht wesentliche Verformungen und Einengungen dessen, was die Väter des Grundgesetzes mit der Spezifizierung dieser beiden Grundrechte als Ableitung des Rechts auf freie Entfaltung der Persönlichkeit beabsichtigt hatten, sofern und soweit damit einer Bindung des Menschen an den Raum (etwa in Form eines ‚Rechts auf Immobilität'[161]) Vorrang vor anderen Rechten eingeräumt wird, die die freie Entfaltung der

---

[156] S. a. W. ERNST/W. HOPPE: „... Raumordnungsrecht", ebenda, S. 12 ff.
[157] Zit. K. H. HÜBLER u. a.: „Zur Problematik der Herstellung gleichwertiger Lebensverhältnisse...", ebenda.
[158] S. a. W. ERNST/W. HOPPE „... Raumordnungsrecht", ebenda, S. 12 ff.
[159] S. a. Ziffer 1.2.1, S. 11 f.
[160] Art. 11 (1) und Art. 12 (1) GG.
[161] S. a. BIEHL u. a.: „Bestimmungsgründe...", ebenda, S. 4.

Persönlichkeit gerade in der Befreiung der Menschen aus räumlichen und sozialen Bindungen und Beengungen herbeiführen sollen.

Insoweit ist auch die gesellschaftspolitische Grundaussage des Raumordnungsgesetzes von 1965[162]) durch die hier problematisierte Interpretation von Chancengleichheit verstümmelt worden. Denn in Erfüllung des grundgesetzlichen Auftrages und in Ausfüllung der daraus abgeleiteten Zielvorstellungen des ROG müssen auch die Chancen auf räumliche Veränderung des individuellen Lebensraumes und auf Veränderung der sozialen Rollen neben der Sicherung gleichwertiger Lebensverhältnisse im Sozialstaat als gleichrangige Bestandteile des individuellen Chancenbündels eines jeden Menschen auf Selbstverwirklichung und d. h. „zur freien Entfaltung der Persönlichkeit in der Gemeinschaft"[162]) anerkannt und in die Zielsysteme der Raumordnung einbezogen werden.

In der noch andauernden Konsolidierungs- und Umstrukturierungsphase verändern sich die Prioritäten räumlicher Ordnung zudem von den – weitgehend erreichten – Versorgungszielen weg in Richtung auf eine Stabilisierungspolitik mit damit einhergehenden Optimierungs- und Entwicklungsmaßnahmen zur Sicherung der Existenzgrundlagen der Bevölkerung. Dazu gehört auch die vermehrte Nutzung vorhandener funktionsräumlicher Begabungen, um so die möglichst schadlose Anpassung bestehender – aber gefährdeter – sozio-ökonomischer Strukturen an die sich wandelnden Rahmenbedingungen im Zuge der 3. industriellen Revolution vornehmen zu können[163]).

Unter solchen Umständen gewinnen die mobilitätsbezogenen Grundrechte zusätzlich an Bedeutung. Entsprechend bedarf es gerade jetzt erweiterter und in Teilen veränderter Interpretationen der Vielzahl räumlicher Bezüge von ‚Chancengleichheit' im allgemeinen und von ‚gleichwertigen Lebensbedingungen' im besonderen, um die darin enthaltenen Forderungen des Grundgesetzes auch unter veränderten Verhältnissen zum Tragen bringen zu können.

2.2 Bislang vertretene oder anzustrebende Rollen

Im ersten Teil dieser Arbeit wurde darauf hingewiesen, daß die bislang geübte ‚quasi-autonome' Raumordnungspolitik in die Gefahr gerät, in Bedeutungslosigkeit abzusinken, wenn sie weiterhin an obsolet gewordenen Zielansätzen festhält[164]).

Um dem zu entgehen, bieten sich drei grundsätzlich verschiedene Möglichkeiten einer Politik- bzw. Rollenveränderung an:

1. Raumordnungspolitik verstärkt und erweitert ihren Ansatz und begreift sich als raumbezogenen Teil einer auf Gesellschaftsveränderung abstellenden Politik oder als integrierte Entwicklungsplanung, und das hieße in beiden Fällen Orientierung an dem umfassenden Zielkatalog eines übergeordneten Politikbereichs,
2. Raumordnungspolitik ändert ihren Ansatz und begreift sich in Reduzierung des Zielanspruches als systemkonforme räumliche Umsetzung der sozio-ökonomischen Gesamtentwicklung,
3. Raumordnungspolitik ändert ihr bisher vertretenes Selbstverständnis und begreift sich als Fachplanung besonderer Art.

---

[162]) ROG, § 1 (1).
[163]) S. a. *Beirat f. Raumordnung*, Empfehlungen vom 16.6.1976, S. 24 ff.
[164]) S. a. Ziffer 1.5, S. 27 ff.

2.2.1 Raumordnung als übergeordneter Politikbereich

Die erste dieser angeführten Möglichkeiten einer Rollenveränderung ist sehr ehrgeizig. Vorschläge dieser Art sind häufig und aus sehr verschiedenen Blickwinkeln heraus gemacht worden[165]). Schon bei der Etablierung der ersten Raumordnungspolitik waren entsprechende Ansätze vorgegeben, weil hier neben der Sozialpolitik ein zweiter Politikbereich mit kompensatorischen Aufgaben zu entstehen schien.

Allen solchen Vorschlägen ist gemeinsam, daß die bislang geltende Rolle der Raumordnung von Grund auf umgewandelt werden müßte, um sie entweder als raumbezogenen Teil einer gezielten Gesellschaftsveränderung begreifen zu können oder – in einem durchführungsbezogenen Ansatz – als integrierte Entwicklungsplanung und damit als übersektoralen und insoweit übergeordneten Politikbereich.

Aus einem so modifizierten Rollenverständnis heraus müßte die Raumordnung als eine Art Querschnittaufgabe der Politiken des Bundes verstanden werden bzw. als räumliche Projektion einer Summe von ökonomischen, sozialen, technologischen und administrativen Einzelpolitiken unter den – raumbezogenen – Zielsetzungen einer auf Reformen oder grundsätzlichere Veränderungen bestehender gesellschaftlicher oder doch staatlicher Strukturen abstellenden Gesamtpolitik[166]).

Ein solches Rollenverständnis würde vorab jenseits der vorgegebenen verfassungsrechtlichen Wirklichkeiten der Bundesrepublik stehen, gleich ob damit die im Grundgesetz geregelten Kompetenzaufteilungen zwischen Bund und Ländern, die Ressortautonomie auf der Bundesebene oder auch Grundlagen des demokratischen und sozialen Bundesstaates verletzt würden[167]).

Unabhängig von der Eintrittswahrscheinlichkeit so weitgehender Prämissen ist die Analyse derartiger komplexer Vorstellungen dennoch gerechtfertigt,

– einmal, um zu klären, ob Raumordnung überhaupt eine ‚originäre' Aufgabe darstellen kann und Raumordnungspolitik eine entsprechend ‚originäre' Politik, die anderen Politikbereichen übergeordnet werden könnte, und
– zum anderen, ob bzw. inwieweit das Modell einer administrativ (aber eben nicht politisch) übergeordneten Raumordnung mit entsprechend angereicherten Kompetenzen (u. U. selbst begrenzten Kompetenz-Kompetenzen[168]) und einer unbestrittenen administrativen Position im Sinne einer integrierten Entwicklungsplanung dann auch zu grundsätzlich besseren und effektiveren Ergebnissen führen könnte, aus denen sich der dafür erforderliche administrative Aufwand rechtfertigen ließe.

Zum ersten Teil dieses Problemkomplexes ist nochmals an die entwicklungsgeschichtliche Herkunft der Raumordnung in der Bundesrepublik zu erinnern. Mangels anderer Lenkungs- und kompensatorischer Möglichkeiten wurde die Aufgabe ‚Raumordnung' mit politischen Zielvorstellungen überfrachtet und entsprechend eine Raumordnungspolitik – gewissermaßen in Surrogat-Funktion – zur Erreichung gesellschaftspolitischer Ziele aufgebaut, offensichtlich in der Erwartung, durch Ordnung des Raumes bzw. mit Hilfe einer entsprechenden Raumordnungspolitik sonst nicht erreichbare gesellschaftliche Ziele verwirklichen zu können.

---

[165]) S. a. H. WEYL: „Strukturveränderung u. Entwicklungsplanung". In: ‚Informationen', Nr. 16/1969, S. 469 ff.; s. a. „Wirtschaftl. u. sozialer Wandel in der BRD", Kap. VI, 4.2, S. 338; s. a. „Vorschläge für eine arbeitnehmerorientierte . . . Raumordnungspolitik", ebenda.
[166]) S. a. Position der Raumordnung in Frankreich und den Niederlanden.
[167]) Art. 30, Art. 65, Art. 20 (1) GG.
[168]) In Frankreich stehen DATAR (oberste R.O.-Behörde) entsprechende Befugnisse zu.

Die grundsätzliche Problematik einer solchen Annahme bzw. eines derartigen Verfahrens liegt nun darin, daß Raumordnungspolitik von der Sache her, d. h. von ihrem Beeinflussungsfeld lediglich räumlicher Strukturen und damit zugleich von Art und Gehalt ihrer eigenen (originären) Ansätze her, nicht der geeignete Adressat für gesellschaftspolitische Konzeptionen sein kann, im Gegensatz etwa zu Wirtschafts- oder Sozialpolitik.

Dazu zwei Thesen mit anschließender Erläuterung:

1. Die Ordnung des Raumes ist keine originäre Aufgabe ‚an sich', sondern stets nur eine – auf den Raum angewandte – Ordnungsaufgabe in bezug auf Wertsetzungen genereller Art, die von der jeweiligen Gesellschaft bzw. von deren politischen Repräsentanten vorgegeben werden.

2. Entsprechend ist auch Raumordnungspolitik nie ‚originäre' Politik, sondern immer nur instrumentell angewandte Politik zur Umsetzung gesellschaftlicher (u. U. auch ökonomischer) Ziele in räumliche Kategorien[169]), oder – anders ausgedrückt – stets nur Mittel zum Zweck und nie Selbstzweck.

Zu These 1. ist zu ergänzen, daß eine absolute Ordnung ‚an sich' nicht denkbar ist, sondern immer nur eine – gleich wie konzipierte – Ordnung in bezug auf die Ordnungsvorstellungen eines originären oder auch seinerseits nicht originären übergeordneten Systems. Diese ganz allgemein gültige Aussage muß auch auf die Ordnung des Raumes Anwendung finden als der Ordnung einer zwar elementaren aber ebenfalls nur in bezug auf ein außenstehendes oder übergeordnetes System denkbaren Kategorie.

Zu These 2. ergibt sich daraus, daß eine Politik, die auf die Ordnung eines als solchem vorgegebenen, ‚seienden' Raumes gerichtet ist, immer nur bedingt ‚aus dem Raum heraus' bzw. aus den Rahmenbedingungen des betreffenden Raumes allein entwickelt werden kann, sondern stets den Bezug auf gesellschaftliche oder wirtschaftliche aber eben außen- oder darüberstehende Prinzipien erfordert[170]).

Was hier gemeint ist, soll an einigen Beispielen erläutert werden:

– Die einzelnen Regionen (Teilräume) der Bundesrepublik sind unterschiedlich in bezug auf ihre physische Gestaltung, ihre sozio-ökonomischen Strukturen und – daraus abgeleitet – ihre Einkommensverhältnisse. Eine Raumordungspolitik, die solche physischen oder/und sozio-ökonomischen ‚Disparitäten' verändern will, basiert stets auf sozialen, ökonomischen oder u. U. technologischen Beweggründen; folglich ist sie nicht ‚originär', sondern instrumenteller Art, da sie den Raum aus gesellschafts- oder wirtschaftspolitischen (oder technologischen) Gründen zu verändern wünscht[171]).

– Ein Teilgebiet eines Landes (einer Region) ist – aus gleich welchen Gründen – in einem zivilisatorisch nicht oder nur schlecht nutzbaren Zustand; es soll daher kultiviert oder aktiviert oder umstrukturiert oder ökologisch gesichert werden. Eine Raumordnungspolitik, die dies anstrebt, stützt sich dabei auf irgendwelche übergeordneten Ordnungsprinzipien, im allgemeinen der Sozial- oder Wirtschaftspolitik, neuerdings u. U. auch der Technologiepolitik oder der ökologischen Politik. Sie ist auch in solchen Fällen nicht ‚originär', also primär aus dem Raum und seiner abstrakten Ordnung entwickelt, sondern beruht primär auf poli-

---

[169]) S. dagegen „Wirtschaftl. u. sozialer Wandel in der BRD", Kap. VI, S. 338.

[170]) S. aber E. v. BÖVENTER: „Standortentscheidung und Raumstruktur", Veröffentlichungen der A.R.L., Band 76, Hannover 1979, S. 300 f.

[171]) S. a. BROP I.1 und I.2, S. 1 ff.

tischen Konzeptionen aus anderen Bereichen, die ihrerseits originär sein können (z. B. die Sozial- oder die Wirtschaftspolitik), dies aber nicht sein müssen[172]).
- Selbst eine Raumordnungspolitik, die sich Ziele setzt, die primär aus Eigenheiten von Teilräumen abgeleitet scheinen, wie etwa Umsiedlungen und sonstige sozio-ökonomische Umstrukturierungsmaßnahmen, die eingeleitet werden sollen, um Einwohner der betreffenden Räume vor raumspezifischen Schäden – wie Überschwemmungen, Vulkanausbrüchen oder dergleichen – zu bewahren, stützt sich primär auf sozialpolitische Grundsätze, die auf die Eigenheiten des Raumes angewandt werden. Auch eine derartige Raumordnungspolitik ist also nicht ‚originär' raumbezogen, sondern Ausdruck der übergeordneten Sozialpolitik des betreffenden Staates in ihrer Anwendung auf spezielle Räume[173]).

Mit dieser Einsicht in den instrumentellen Charakter einer jeden Raumordnungspolitik wird aber derjenige Teil des hier behandelten Rollenverständnisses hinfällig, nach dem die Raumordnung als übergeordneter Politikbereich oder als „Grundfunktion der Daseinsgestaltung von Gemeinwesen"[174] anzuerkennen wäre. Denn ein noch so bedeutendes Instrument und eine noch so vielschichtig angelegte instrumentelle Politik können nie originären Zielsetzungen einer Gesellschaft – wie etwa der Sozial-, der Wirtschafts- oder der Verteidigungspolitik – übergeordnet werden, sondern müssen diesen gegenüber stets nachgeordnet bleiben[175]).

Wenn somit dieser überhöhte Rollenanspruch für die Raumordnung nicht nur in der Bundesrepublik, sondern ganz allgemein entfallen muß, verbleibt noch die Analyse der Wirkungsmöglichkeiten von Raumordnung als ‚Querschnittaufgabe' bzw. als ‚integrierte Entwicklungsplanung' im Rahmen eines übergeordneten und ressortübergreifenden Verwaltungshandelns.

Auf der Bundesebene ist eine derart charakterisierte Position der Raumordnung unter der gegebenen Rechtslage[176]) ebenfalls nicht realisierbar. Sie ist aber in anderen Staaten mit einheitsstaatlicher Verfassung – wie in Frankreich und (in weniger ausgeprägter Form) den Niederlanden – im Grundsatz verwirklicht, und auch in einigen Bundesländern, deren Verfassungen die Realisierung einer solchen ressortübergreifenden Querschnittaufgabe zulassen[177]).

Allerdings bringt es die komplexe Natur der Aufgabe mit sich, daß Raumordnung – selbst in administrativ übergeordneter Position – nicht unabhängig von anderen, mehr oder weniger sektoral angelegten gesellschaftlichen Wirkungsbereichen operieren kann. Denn auch die Zielsetzungen und Durchführungsmodalitäten einer als ‚übergeordnet' anerkannten Raumordnung müssen sich zwangsläufig den sich ändernden gesellschaftlichen, ökonomischen und technologisch-innovativen Entwicklungen anpassen, wie z. B. den angeführten Strukturveränderungen und Prioritätsverschiebungen, die von der weltweit anlaufenden 3. industriellen Revolution bewirkt werden.

Aber auch geänderte Wertsetzungen auf nationalen Bereichen werden nach wie vor berücksichtigt werden müssen, so etwa, wenn eine nationale Politik zum Abbau regionaler räumlicher Disparitäten auch bei nicht arbeitsplatzbezogenen Funktionsbereichen realisiert werden soll[178]).

---

[172]) S. a. Raumplanung in den Entwicklungsländern.
[173]) S. a. Gemeinschaftsaufgabe Verbesserung der Agrarstruktur und des Küstenschutzes (Art. 91a [1] Nr. 3 GG).
[174]) Zit. aus „Wirtschaftl. u. sozialer Wandel in der BRD", Kap. VI, S. 308.
[175]) S. a. E. v. BÖVENTER: „Standortentscheidung und Raumstruktur", S. 300.
[176]) S. a. Art. 65 GG.
[177]) Z. B. in Hessen und Nordrhein-Westfalen, wo Landesplanung zur Landesentwicklungsplanung fortgebildet ist.
[178]) S. a. „Vorschläge für eine arbeitnehmerorientierte Raumordnungs-... politik", ebenda.

Überhaupt könnten gesellschaftsverändernde Ansätze aus der Sozialpolitik, wie eben Bestrebungen zum Ausgleich räumlicher Disparitäten zwischen Regionen oder Teilregionen auch im Rahmen der administrativen ‚Querschnittaufgabe Raumordnung' immer wieder mit bestehenden oder sich verändernden Prioritäten im Rahmen der Wirtschaftspolitik kollidieren, wie z. B. in bezug auf die Standorttheorien ‚räumlicher Begabungen'[179]) oder des ‚besten Wirts', denen wesentlich die Ausbildung oder Erhaltung raumstruktureller Ungleichgewichte im Interesse einer ökonomischen Optimierung zugrunde liegen und damit zugleich die Abwehr räumlicher bzw. struktureller Angleichungen.

Solche Kollisionen sind – ganz unabhängig von theoretisch denkbaren Kompetenzanhäufungen für eine ‚Querschnittaufgabe Raumordnung' – Ausflüsse der vielfältigen Wertsysteme einer pluralistisch verfaßten Gesellschaft. Das besagt, daß sie – wiederum unabhängig von Reformansätzen oder administrativen Regelungen – auch solange auftreten werden, wie diese pluralistische Grundordnung eingehalten wird, so daß sich an dieser permanenten Problematik jeder Art von räumlicher Ordnung auch bei noch so breiter – theoretischer – Kompetenzzuweisung nur wenig ändern wird.

Dagegen könnte der Mechanismus zur Beherrschung und zur zielkonformen, abgestimmten und ausgewogenen Entscheidungsfindung zwischen der Vielzahl sektoraler und nach unterschiedlichen Gesichtspunkten gewichteter Einzelkomponenten unter solchen Umständen effizienter werden, sofern die ‚Querschnittaufgabe Raumordung' – nur bedingt auf Bundes- wohl aber auf Länderebene – administrativ dort verankert werden kann, wo ihre Sachentscheidung mit dem größten politischen Gewicht vertreten und durchgesetzt werden könnte[180]).

Im Zuge dieser analysierenden Bewertung eines Rollenverständnisses, das Raumordnung als ‚übergeordneten Politikbereich' zu definieren versucht, wurde dreierlei deutlich:

1. Raumordnung ist in der Tat keine ‚originäre' Aufgabe der Gesellschaft, sondern immer nur eine abgeleitete Funktion zur räumlichen Umsetzung von Zielen der ‚originären' gesellschaftlichen Aktivitäten (wie z. B. der Sozialpolitik, der Wirtschaftspolitik oder der Verteidigungspolitik).

   Entsprechend kann auch Raumordnungspolitik keine ‚autonome' Politik sein, geschweige denn ein ‚übergeordneter Politikbereich', sondern – gemäß der Systematik in den gesellschaftlichen Aufgabenstellungen und in der Bewertung politischen Handelns in jeder entwickelten Gesellschaft – lediglich eine instrumentell konzipierte Politik zur räumlichen Umsetzung der Ziele von ‚autonomen' oder eben ‚originären' Politiken und zu deren gegenseitiger raumbezogener Abstimmung.

   Insoweit ist jede Raumordnungspolitik bestimmt durch gesellschaftlich vorgegebene aber veränderbare und sich u. U. schnell ändernde Gewichtungen und Prioritäten von Teilpolitiken (wie eben der Sozial-, der Wirtschafts-, aber auch der Verteidigungs- und der Energiepolitik), die ihrerseits überwiegend originären Charakter haben und in ihrem Wechselverhältnis die Ziele jeder Raumordnungspolitik prägen[181]).

2. Allerdings ist in der Raumordnung der Bundesrepublik gerade dieser weit überhöhte Anspruch eines ‚übergeordneten Politikbereichs' als Gradmesser für die Bewertung einer Raumordnungspolitik – zumindest unterschwellig – immer wieder erhoben oder doch vorgetäuscht

---

[179]) S. a. D. MARX: „Ausgeglichene Funktionsräume", ebenda.
[180]) Z. B. ist die Raumordnung (Landesplanung) in einigen Bundesländern (Hessen, Nordrhein-Westfalen und Schleswig-Holstein) bei dem Ministerpräsidenten/Staatskanzlei angesiedelt.
[181]) S. a. E. v. BÖVENTER: „Standortentscheidung und Raumstruktur", S. 293 f.

worden. Der innere Widerspruch zwischen Anspruch und gesellschaftspolitischer Wirklichkeit mußte unter diesen Umständen zur Ursache ständiger – gleichsam ideologisch bedingter – Überforderungen der Erwartungshorizonte so gut wie jeder Raumordnungspolitik führen, wie auch der Ziele der Landesplanung in den Bundesländern. Schließlich bewirkte dieses Anspruchsniveau auch ständig neue Kollisionen mit den Fachressorts des Bundes, die zur weiteren Lähmung raumordnerischer Aktivitäten führen mußten[182]).

3. Der andere Teil dieses Rollenverständnisses – Raumordnung als administrativ übergeordnete Querschnittaufgabe etwa in Form einer integrierten Entwicklungsplanung – stößt auf der Bundesebene ebenfalls gegen grundgesetzliche Schranken, nämlich einmal die Kompetenzverteilung zwischen Bund und Ländern in der Raumordnung und zum anderen die Autonomie der Fachressorts[183]).

Auf der Länderebene sind die verfassungsrechtlichen Einengungen geringer, so daß hier die Einordnung der Raumordnung als administrative Querschnittaufgabe in Form einer integrierten Entwicklungsplanung (Landesentwicklungsplanung) möglich ist und auch geübt wird.

Eine derartige Einstufung der Raumordnung macht aber zu ihrer Realisierung und zur Durchsetzung der damit verbundenen Ansprüche, die Zuordnung zu der politisch entscheidenden und mit sektoralen Interessen am wenigsten belasteten Stelle der Landesregierungen erforderlich; das sind in der Regel die Staatskanzleien bei den Ministerpräsidenten[184]).

Auch in dieser herausgehobenen Position bleibt die Raumordnung aber in das Wirkungsgefüge der pluralistischen Gesellschaft eingebunden, so daß ihr die daraus erwachsenden Konflikte horizontaler (sektoraler) und vertikaler Art nicht erspart werden; doch können diese effizienter und auch sachgerechter behandelt und schneller entschieden werden.

2.2.2 Raumordnung als Koordinierungsaufgabe

Auch unter diesem bescheideneren Rollenverständnis könnten mehrere unterschiedliche Teilrollen subsummiert werden:
– Raumordnung als umfassende Koordinierung aller sektoralen und regionalen Teilplanungen in bezug auf politische Gesamtziele, die in ihren räumlichen Ausprägungen zu ‚eigenen' Zielen der Raumordnung ausgestaltet werden,
– Raumordnung als Clearingstelle für alle sektoralen und regionalen Planungen, etwa unter den Gesichtspunkten der Verträglichkeit oder höchsten Effizienz, aber ohne eigene Wertung,
– Raumordnung ausschließlich als zusammenfassende Darstellung der raumbedeutsamen Planungen und Maßnahmen des Bundes ohne vertikale Koordinierungsansprüche und d. h. ohne Anspruch auf eine integrierte Raumordnungspolitik.

Der Übergang zwischen dem 2. Teil des ‚übergeordneten' und dem 1. Teil des ‚koordinierenden' Rollenverständnisses scheint dabei fließend zu sein, da gravierende Unterschiede zwischen ihnen kaum zu erkennen sind. Das könnte so aber nur für die Länderebene zutreffen. Dagegen bestände auf Bundesebene der gewichtige Unterschied der konstitutiven Unzulässigkeit der einen und der ebenso konstitutiven grundgesetzlichen Zulässigkeit der anderen (‚koordinierenden') Konzeption[185]).

---

[182]) S. a. H. HUNKE: „Raumordnungspolitik – Vorstellung und Wirklichkeit", ebenda.
[183]) Art. 75 (1), Nr. 4 GG. und Art. 65 GG.
[184]) S. a. (180).
[185]) S. a. W. ERNST: „Zur staatlichen Verantwortung für umweltbelastende Entscheidungen", ebenda.

Entsprechend wird nach diesem weiteren Rollenverständnis Raumordnung als überwiegende Koordinierungsaufgabe verstanden, angereichert durch die raumbezogene Umsetzung wesentlicher Züge der Sozial- und der Wirtschaftspolitik aber auch der Technologie- und anderer sektoraler Politiken in eine Raumordnungspolitik der Art, wie sie V. BÖVENTER als ‚räumliche Wirtschafts- und Sozialpolitik' bezeichnet[186]).

Nach dieser Rollenkonzeption würde der Raumordnung – u. U. im Rahmen einer interministeriellen Institution – die raumbezogene Koordinierung aller Fachplanungen des Bundes und deren zu wertende Einpassung in eine integrierte räumliche Gesamtkonzeption obliegen einschließlich der Koordinierung der diversen Landesplanungen der Bundesländer in diesen weitmaschigen Rahmen.

Abgeleitet aus sozial- und wirtschaftspolitischen Prioritäten zeitlicher und räumlicher Art ergäbe sich daraus auch eine raumbezogene ‚Richtlinienkompetenz' zur bestmöglichen räumlichen Realisierung dieser und anderer originärer Zielvorstellungen der Gesellschaft[187]).

Es kann nicht abgestritten werden, daß auch ein derart konzipiertes Rollenverständnis seinen Platz zwischen der Skylla der autonomen Bundesressorts und der Charybdis der Kompetenzen der Länder nicht leicht behaupten kann, ohne sich durch Zugeständnisse oder fehlende Aktivitäten (mangels eigener Kompetenzen bzw. wegen zu geringem politischem Eigengewicht im Verhältnis zu den großen Fachressorts) um Einflußmöglichkeit und um moralischen wie politischen Kredit zu bringen. So wird die Position der Raumordnung auch hier durch die immanente Spannung zwischen dem vorwiegend administrativen Charakter der Rolle und den häufig übermächtigen, politisch abgestützten sektoralen Einwirkungen bestimmt[188]).

Auch dieses Rollenverständnis muß auf eine Verteilung der anfallenden vorhandenen oder neu gebildeten Enwicklungspotentiale[189]) abstellen, die nicht allein koordiniert, sondern auch nach raumbedeutsamen Kriterien gewertet werden sollen. Die meisten dieser Potentiale sind aber bereits sektoralpolitisch vorgewichtet, um ihren Forderungen an das ‚administrative Verteilungsinstrument Raumordnung' in Form von ökonomischen, technologischen, sozialen und anderen sektoralpolitischen Prioritäten mehr Nachdruck verleihen zu können.

Eine solche gewichtende Koordinierung der Fachplanungen der Bundesressorts wird daher bei sonst unveränderten Rahmenbedingungen allein mit den administrativen Instrumentarien dieses Rollenverständnisses nicht zu leisten sein. Denn hier wie in den meisten anderen raumordnerischen Verfahren müssen Grundvorstellungen der Gesellschaft zu originären Politikbereichen zunächst nach politischen und danach erst nach administrativen Prioritäten gegeneinander abgewogen werden.

Das Gewicht ‚quasi-autonomer' Zielsetzungen der Raumordnung wird dabei meist nur „marginal" sein können[190]), weil Raumordnungspolitik – wie dargelegt – selbst nur eine nichtoriginäre und d. h. aus anderen originären Politiken abgeleitete Politik sein kann, und weil Raumordnung als Aufgabe des Bundes – jedenfalls zur Zeit – ohne eigene politische Hausmacht auskommen muß[191]).

---

[186]) S. a. E. v. BÖVENTER: „Standortentscheidung und Raumstruktur", S. 299 f.
[187]) S. a. Ziffer 2.2.1, S. 37 ff.
[188]) S. a. H. J. v. d. HEIDE: „Raumordnung 1977 in rechtlicher Sicht", ebenda.
[189]) Z. B. im Rahmen der 3. industriellen Revolution, s. a. 1.42, S. 38 f.
[190]) S. a. E. v. BÖVENTER: „Standortentscheidung und Raumstruktur", S. 300 f.
[191]) S. a. v. d. HEIDE: „Raumordnung 1977 . . ."; s. a. „Wirtschaftlicher und sozialer Wandel in der BRD", Kap. VI, 3.0, S. 321 ff.

Diese mindere Position der Raumordnung im Verhältnis zu den großen Fachressorts des Bundes ist schon früher im Rahmen der bislang geübten Koordinierungsverfahren zum Ausdruck gekommen, wo immer wieder beobachtet werden konnte, daß „bei den Entscheidungen über . . . die Verteilung der Mittel zur Verbesserung der regionalen Wirtschaftsstruktur, . . . sowie der Verteilung der Mittel im Rahmen der verschiedenen Konjunkturprogramme die Raumordnungsziele meist zuletzt, nur mit geringem Gewicht, ja teilweise geradezu als ‚lästig' berücksichtigt oder auch nicht berücksichtigt worden sind"[192]).

Daraus ergibt sich aber, daß Erfolg oder Mißerfolg gerade dieser – im Grunde besonders ausgewogenen – Rolle der Raumordnung davon abhängt, bei welchem Bundesressort die Aufgabe ‚Raumordnung' ressortieren kann. Denn das Instrument Raumordnung aus einem ‚nicht-originären' Politikbereich bedarf zu seiner Durchsetzung gegen die mächtigen, ‚originäre' Politikbereiche vertretenden Fachressorts einer hinter ihm stehenden administrativen Institution von besonderer Breite und Stärke, wie sie nur ein großes, mit vielfältigen Eigenkompetenzen ausgestattetes Ministerium oder – noch besser – das Bundeskanzleramt zu bieten vermag.

In der Tat böte sich dafür in erster Linie das Bundeskanzleramt an und erst in zweiter Linie das Bundesministerium des Inneren. Denn während das erstere kraft Amtes über den sektoralen Eigeninteressen der Fachressorts stehen kann, wird auch das Innenministerium noch überwiegend seine sektoralen Interessen zu vertreten haben, durch deren wohl unvermeidbar einseitige Berücksichtigung die Raumordnung in immanente Interessenkonflikte verwickelt werden müßte[193]).

Nur wenn eine solche Ressortierung zustande kommt, wäre auch eine gewisse Gewähr gegeben, daß eine Raumordnung nach diesem Rollenverständnis sich administrativ und politisch gegen die Fachressorts behaupten und insoweit ihre Aufgaben erfüllen könnte.

Die zweite – bescheidenere – Teilrolle im Rahmen des Rollenverständnisses ‚Koordinierungsaufgabe' begrenzt Raumordnung auf eine Art Clearingstelle zwischen den sektoralen und regionalen Planungen ohne den Ehrgeiz auf Einbringung einer eigenen Raumordnungspolitik bzw. auf Abstimmung der sektoralen Planungen und Politiken mit raumspezifischen Leitvorstellungen[194]).

Diese Rollenvariante baut auf einem wesentlich reduzierten Anspruchsniveau auf, nämlich den Erwägungen, daß
- Raumordnung nur als Rahmen flächendeckend für das gesamte Bundesgebiet sein bzw. weiterentwickelt werden muß, daß
- auch gleichartige Parameter für raumordnerische Zielvorstellungen angesichts der regional- und raumtypenspezifischen Unterschiede zwischen den einzelnen Gebietsteilen der Bundesrepublik weder a priori erforderlich noch wirklich nützlich sein müssen, so daß
- es ausreichen könne, wenn die Aufgaben der Raumordnung auf Bundesebene auf die Koordinierung anfallender raumbeeinflussender Planungen und Maßnahmen höherer Ordnung, sei es unter grundsätzlichen, sei es unter spezifischen regionalen Bedingungen, beschränkt werden.

---

[192]) Zit. F. WAGENER: „Zweckmäßig abgegrenzte Räume für die Raumordnungspolitik". In: IzRE 1. 1976, S. 57 ff.
[193]) S. dagegen: „Wirtschaftl. u. sozialer Wandel in der BRD", VI/4.2, S. 338.
[194]) S. a. K. H. HÜBLER: „Kritik zum strategischen Ansatz der Bundesraumordnung", Berlin 1978, S. 12, ff.

Voraussetzung dafür, daß ein derart reduziertes Rollenverständnis wenigstens die Basisaufgaben einer Raumordnung auf Bundesebene noch ausreichend erfüllen könnte, wäre dann allerdings die Stärkung der Landes- und Landesentwicklungsplanung der Bundesländer einerseits und die Aufstellung ausreichend elastischer Eckdaten für die Gesamtentwicklung der Bundesrepublik aber auch von frühzeitigen interministeriellen Abstimmungsverfahren zwischen den Fachressorts des Bundes andererseits[195].

Angesichts des gleichsam perpetuierten Dilemmas der Raumordnung auf der Bundesebene kann es kaum verwundern, daß derartige Überlegungen gerade von Autoren angestellt werden, die sich selbst lange um verbesserte Wirkungsmechanismen einer Bundesraumordnung bemüht haben und jetzt zu resignieren beginnen[196].

Eine andere Alternative im Rahmen von ‚Raumordnung als Clearingstelle' kann in dem Versuch gesehen werden, in strikter Auslegung der Raumordnungsdirektiven des § 4 (1) ROG lediglich eine ‚zusammenfassende Darstellung der raumbedeutsamen Planungen und Maßnahmen des Bundes' zu erstellen und diese in geeigneten Zeiträumen fortzuschreiben, und das hieße, sie an die tatsächliche Entwicklung anzupassen[197].

Nach diesem Rollenverständnis würde sich die Raumordnung als Aufgabe des Bundes strikt auf

– „die Vollkompetenz des Bundes für die Bundesraumordnung kraft Natur der Sache,
– die Rahmenkompetenz für die Raumordnung, für den Wasserhaushalt, den Naturschutz und die Landespflege und
– die Vollkompetenz aus Art. 74 Nr. 18, 22, 23 und 24 GG"[198]

beschränken, mit der Konsequenz, daß eine Raumordnungspolitik des Bundes und ein novelliertes Bundesraumordnungsprogramm sich auf Ziele im Rahmen dieser Kompetenzen reduzieren würden.

Im Unterschied zu der ersten Alternative eines Rollenverständnisses von Raumordnung als Clearingstelle ohne eigene Raumordnungspolitik aber mit nach wie vor hohem horizontalen wie vertikalen Konsensbedarf, würde der Konsensbedarf bei dieser zweiten Alternative sich wesentlich um die vertikalen Abstimmungen mit den Ländern vermindern[199].

Das wiederum könnte eine Voraussetzung für ein höheres Maß an Realisierungsfähigkeit von Raumordnung auf Bundesebene werden. Denn als Folge des föderalistischen Staatsaufbaus bzw. der durch grundgesetzliche und höchstrichterliche Regelungen vorgegebenen, überaus unglücklichen Kompetenzaufteilung in der räumlichen Ordnung zwischen Bund, Ländern und Kommunen ist der Konsensbedarf für die Raumordnung in der Bundesrepublik auch besonders hoch und jedenfalls höher als in den anderen westlichen Industriestaaten[200]. Die Reduzierung der außerordentlich komplexen und langwierigen Abstimmungsprozesse mit den Ländern – die sich bislang durch ein besonders vielschichtiges und schwer anzugehendes Konfliktpotential ausgezeichnet haben – auf die Setzung allgemein gehaltener Rahmen- und Eckdaten könnte hier grundsätzlich Abhilfe schaffen.

---

[195] S. dazu die Darstellung des seit Nov. 1977 geltenden Abstimmungsverfahrens zwischen d. Landesplanungen u. d. Bund im ‚Raumordnungsbericht 1978', S. 40 f., aus der die Ohnmacht der Bundesraumordnung auch als Koordinierungsstelle besonders deutlich wird.
[196] S. a. HÜBLER: „Kritik zum strategischen Ansatz . . .", ebenda, S. 12 ff.
[197] S. a. entspr. Forderungen von W. ERNST und H. J. v. d. HEIDE in divers. Publikationen.
[198] W. ERNST: „Zur staatlichen Verantwortung . . .", ebenda, Zitat.
[199] S. a. K. H. HÜBLER: „Kritik zum strategischen Ansatz . . .", ebenda, S. 6.
[200] desgl., S. 11 f.

Während Raumordnung als umfassende Koordinierungsaufgabe auf Bundesebene entscheidend davon abhängt, bei welchem Ressort diese Aufgabe angesiedelt ist, ergeben sich für die beiden anderen Varianten mit stark ausgeprägtem horizontalen und vertikalen bzw. nur horizontalem Koordinierungsbedarf andere Konsequenzen. So macht der Vergleich zwischen den beiden zuletzt behandelten Alternativen auch deutlich, wie unterschiedlich sich etwa Reduzierungen des Anspruchniveaus der Raumordnung auf Bundesebene auf den Konsensbedarf und damit auch auf die Realisierungsfähigkeit der Raumordnung auswirken können.

Die erste dieser Alternativen könnte als Liquidierung einer übergeordneten Raumordnung verstanden werden und insoweit als Resignation vor der Komplexität einer Raumordnung im föderalistischen und pluralistisch verfaßten Staat bzw. als Rückzug von jeder Gesamtkonzeption in nur noch „inkrementale Planungsansätze"[201] mit kaum systematisierbarem und entsprechend hohem Konsensbedarf.

Die zweite Alternative wäre dagegen in Konsequenz einer methodischer angesetzten und in sich auch eher schlüssigen Reduzierung des Anspruchniveaus auch zu einer Reduzierung des vertikalen Konsensbedarf mit den Bundesländern fähig und könnte damit zu einer entsprechenden Verminderung des Konfliktpotentials sowie zu einer Vereinfachung und Beschleunigung der Raumordnung, wenn auch unter pauschaleren und stärker generalisierten Parametern gelangen[202].

2.2.3 Raumordnung als Fachplanung besonderer Art

Während die bisher dargestellten Rollen von Raumordnung entweder ganz oder doch partiell angewandt oder von einer Mehrzahl von Autoren angedacht und erörtert worden sind, trifft das für das nun zur Diskussion zu stellende Rollenverständnis ‚Raumordnung als Fachplanung besonderer Art' kaum noch zu.

Denn unter diesem Begriff soll ein Rollenverständnis von Raumordnung verstanden werden, das vorwiegend ressortartige Züge aufweisen sollte. Danach wäre Raumordnung analog zu anderen ressortbezogenen Fachbereichen als Fachbereich zur Realisierung (bzw. Erhaltung bzw. Umstrukturierung) räumlicher Strukturen unter sektoralen oder ganzheitlichen Aspekten zu verstehen und Raumordnungspolitik als Fachpolitik zur Konzipierung entsprechender fachlicher Ziele[203].

Unter einem so modifizierten Rollenverständnis müßte die sonst stets angestrebte Qualität als Querschnittaufgabe ebenso fortfallen wie der primäre Anspruch auf intersektorale Mitbestimmung. Dagegen könnten zu den Rollen und Tätigkeitsfeldern einer so verstandenen Fachplanung gehören:

– Die Zusammenstellung raumbedeutsamer Auswirkungen der einzelnen Fachplanungen des Bundes in Form von Raumordnungskatastern;
– darauf basierend die Abstimmung der raumbedeutsamen Auswirkungen sowohl einzelner Fachplanungen als auch der Summe der Fachplanungen des Bundes auf spezielle Räume mit dem Ziel einer Harmonisierung sektoraler Auswirkungen unter raumspezifischen Gesichtspunkten;

---

[201] S. a. K. H. HÜBLER: „Kritik zum strategischen Ansatz...", ebenda, S. 13.
[202] S. a. Raumordnungsbericht 1978 der Bundesregierung, S. 5, Nr. 4.
[203] Ansätze hierzu bei HÜBLER: „Kritik..." ebenda sowie bei SCHULZ ZUR WIESCH: „Raumordnungspolitische Auffangstrategien". In: ‚Information' SRL 3/1978, S. 133 ff.

- Untersuchung der Auswirkungen von Fachplanungen aus räumlich-physischer Sicht und Beurteilung der regionalen (u. U. auch lokalen) Raumverträglichkeit nach qualitativen Maßstäben (möglich, bedenklich, nicht möglich z. B. wegen Überlastungsgefahr oder Unverträglichkeit mit anderen raumspezifischen Komponenten);
- Erstellung von Unterlagen über bisher suboptimal genutzte Räume bzw. über Räume ohne eigentliche Funktionen und Erarbeitung von fachplanerischen Vorschlägen zur Entwicklung der entsprechenden Räume nach natürlichen (physischen) Begabungen oder nach funktionsräumlichen Entwicklungsansätzen;
- Durchsetzung solcher raumspezifischen Ansprüche in der Konkurrenz zu Zielen, Ansprüchen und Prioritäten anderer Fachressorts.

Unter diesen Bedingungen wären die Zielansätze einer ‚Fachplanung Raumordnung' durchaus anders zu qualifizieren, als die Ziele einer ‚Querschnittaufgabe Raumordnung'. Denn die Ziele einer so definierten Fachplanung wären nicht mehr räumliche Ableitungen aus Zielvorstellungen der Sozial- oder der Wirtschaftspolitik, sondern langfristige Niederschläge von raumspezifischen Entwicklungs- bzw. Erhaltungsvorstellungen, die ihrerseits mit den Zielen anderer Fachressorts etwa im Rahmen interministerieller Gremien abzustimmen wären[204]). Auch als Fachpolitik würde Raumordnungspolitik einen ähnlichen Stellenwert erhalten wie etwa Verkehrs- oder Energiepolitik, aber auch in dieser Rolle niemals den einer originären Politik[205]).

Voraussetzung für die Realisierung dieser eigenständigen Rolle der Raumordnung wäre die Absteckung eines festen Kompetenzrahmens für das Fachgebiet Raumordnung, der durch Ausschöpfung der „vom Bundesverfassungsgericht ausdrücklich und mehrfach bestätigten Kompetenzen des Bundes für die Raumordnung im Bundesgebiet kraft Natur der Sache"[206]) gegen den bisherigen Stand in einigen Bereichen anzureichern wäre[207]).

Selbst wenn es gelingen sollte, die Kompetenzen einer ‚Fachplanung Raumordnung' wesentlich auszuweiten, könnte dies nicht ausreichen, um Raumordnung zu einem besonderen Bundesressort auszugestalten. Im Gegenteil würde die Bildung eines ‚Miniressorts' der Darstellung und Durchsetzung der Aufgabe Raumordnung nicht nützlich, sondern – wie die Erfahrungen der letzten Jahre erwiesen haben – eher schädlich sein[208]).

Auch eine ‚Fachplanung Raumordnung' sollte daher eher einem großen und vielseitigen Ministerium zugeordnet werden, das in bezug auf die räumlichen Belange weniger durch sektorale Interessen vorgeprägt ist und ihr eine eher unabhängige Position gewährleisten kann. Dafür käme bei diesem besonderen Rollenverständnis weniger das Bundeskanzleramt in Frage, als vielmehr das Bundesinnenministerium, in dem die Raumordnungskompetenzen durch die bereits dort befindlichen Umwelt-Kompetenzen ergänzt und weiter verstärkt werden könnten[209]).

Eine ‚Fachplanung Raumordnung' würde zur Durchsetzung ihrer Ziele – im Unterschied zu den anderen behandelten Rollen – nicht oder nur marginal auf die Umlenkung finanzieller Mittel anderer Fachplanungen abstellen können, zu denen sie – diesem Rollenverständnis nach – ja in Konkurrenz stände. Vielmehr bedürfte sie einer eigenen Finanzausstattung, die sich an den

---

[204]) S. a. die ersten Ansätze der Raumordnung in der BRD vor Erlaß des ROG.
[205]) S. a. Ziffer 2.2.1, S. 37 ff.
[206]) Zit. nach W. ERNST: „Zur staatlichen Verantwortung . . .", ebenda.
[207]) S. a. *Beirat f. Raumordnung*, Stellungnahme zum Enwurf des BROP v. 3.7.1974. In: Raumordnungsbericht 1974, Anhang 7, S. 169 ff.
[208]) Die Zuordnung der RO zu dem relativ kleinen BMBau hat sich für die RO eher negativ ausgewirkt!
[209]) Dies vor allem angesichts der Aufwertung ökologischer Komponenten.

Entwicklungsaufgaben dieser Fachplanung zur Ordnung und Verbesserung der räumlichen Verhältnisse auf Bundesebene zu orientieren hätte[210]).

Eine eigene Finanzausstattung im Verein mit dem politischen und administrativen Rückhalt, der durch die Einordnung in das Bundesinnenministerium bewirkt würde, könnte dieser ‚Fachplanung Raumordnung' zu mehr Eigengewicht und damit auch zu einem Mehr an Durchsetzungsfähigkeit verhelfen, als das bisher der Fall war, solange Raumordnung nur Kostgänger (wenn auch übergreifender Art) anderer Politiken mit anderen Planungszielen und Prioritäten war.

Damit erschiene es also möglich, Raumordnung auch nach Art und in der Rolle einer Fachplanung zu betreiben, etwa so, wie die Bundesregierung auch ihre Verkehrs-, ihre Fernmelde- oder ihre Energiepolitik betreibt.

Nun ist aber Raumordnung ihrer ganzen Natur nach ein ungewöhnlich weitgefächertes und vielschichtiges Aufgabengebiet, das sich zudem in einem überaus komplexen Gespinst von horizontalen und vertikalen Beziehungsgefügen (mit dem erwähnten großen Konfliktpotential und dem zu dessen Bewältigung erforderlichen ebenso hohen Konsensbedarf[211]) zu verwirklichen sucht und unter solchen Umständen – anders als andere ‚richtige' Fachplanungen – nur mühsam in das enge Korsett eines Fachressorts mit fachspezifischen Zielen hineinzupressen wäre. Denn schließlich ist Raumordnung – in bezug auf den Raum und alles, was auf diesen einwirkt – polyvalent, und das in einem Ausmaße, wie es bei sektoralen Fachgebieten sonst nicht zu beobachten ist.

Damit stellt sich aber die Frage, ob dieser spezifische Wirkungsmechanismus einer jeden Raumordnung bei dem zuletzt behandelten Rollenverständnis nicht allzustark beschnitten würde, wenn er nicht mehr frei und (relativ) ungebunden, sondern nur noch in der zurechtgestutzten Form einer Fachplanung unter anderen mit (etwas mühsam abzugrenzenden) sektoralen Eigeninteressen und Eigenzielen wirken und sich behaupten sollte[212]).

2.2.4 Thesen zum Rollenverständnis von Raumordnung

Aus der hier versuchten, vorsichtig wertenden Nebeneinanderstellung unterschiedlicher Rollen und Rollenverständnisse von Raumordnung zeigen sich vorab die Bandbreite, die Vielfalt in den Wirkungs- und instrumentellen Ansätzen aber auch die Begrenzungen der Aufgabe ‚Raumordnung' in einem pluralistisch angelegten und dazu föderalistisch verfaßten Staat.

Soweit sich aus diesen Analysen Einsichten oder Ergebnisse ableiten lassen, die über den Einzelfall hinausgehen, können daraus Thesen formuliert werden, mit dem Ziel, die Parameter und Rahmenbedingungen von auch in Zukunft operationablen Rollen der Raumordnung sichtbar zu machen.

Entsprechend werden folgende Thesen aufgestellt:
– These 1:
 Grundlage aller Rollen der Raumordnung hat die Einsicht zu sein, daß die räumliche Ordnung keine ‚originäre' Aufgabe der Gesellschaft bzw. ihres Staates ist, sondern eine Ordnungsaufgabe mit vorwiegend instrumentellem Charakter, die aus dem räumlichen

---

[210]) S. a. *Beirat f. Raumordnung*, Stellungnahme v. 3.7.1974, ebenda, S. 169.
[211]) S. a. K. H. HÜBLER: „Kritik zum strategischen Ansatz . . .", ebenda.
[212]) S. a. Ziffer 2.2.1, S. 38 ff.

Zusammenwirken der unterschiedlichen gesellschaftlichen Wirkungsbereiche abgeleitet ist und stets von neuem daraus abgeleitet werden muß.

- These 2:
Damit sind die allgemein geltenden Rahmenbedingungen der möglichen Rollen jeder Raumordnung – zumindest in pluralistisch verfaßten Gesellschaften – vorgegeben, als einem spezifischen Instrument zur Umsetzung gesellschaftlicher Impulse und Zielvorstellungen in räumliche Kategorien.

- These 3:
Diese allgemeinen Rahmenbedingungen jeder Raumordnung sind für die Bundesrepublik Deutschland durch spezielle Rahmenbedingungen zu ergänzen, die sich aus den Regelungen des Grundgesetzes zur Autonomie der Bundesressorts und aus der verfassungsgerichtlich bestätigten – überaus unglücklichen – Kompetenzaufteilung in der Raumordnung zwischen Bund, Ländern und Kommunen herleiten.

- These 4:
Raumordnung ist zudem (weitgehend) Resultat der sozio-ökonomischen Gesamtentwicklung und nicht deren Veranlasser oder auch nur Mitveranlasser; sie ist daher ungeeignet, um als effizientes Instrument zur ‚Gegensteuerung' gegen Zielvorstellungen und Prioritäten ‚originärer' gesellschaftlicher Wirkungsbereiche, wie etwa der Sozial- und der Wirtschaftspolitik, zu dienen oder gar als Mittel zur Verhinderung sich vollziehender gesellschaftlicher Entwicklungen.

- These 5:
Ansätze und Ausrichtungen einer jeden Raumordnungspolitik sollten daher im Einklang mit den Zielsetzungen und Gewichtungen der jeweiligen sozio-ökonomischen Entwicklungsvorstellungen stehen, um eine effiziente Realisierung raumordnungspolitischer Maßnahmen erreichen zu können.

- These 6:
Die Art des Beziehungsgefüges, also etwa die Interdependenz zwischen der Raumordnung und den sie prägenden originären Wirkungsbereichen der Gesellschaft, bleibt nicht konstant, sondern ist abhängig von dem Ausdruck, den die sozio-ökonomischen Normen der Gesellschaft deren jeweiligen Entwicklungsphasen entsprechend finden sowie von den sich ändernden Gewichtungen zwischen den einzelnen Normen. So verändert sich z. B. das ‚Sozialverständnis' als Parameter der Raumordnung je nach den erreichten oder als besonders erreichenswert geltenden sozialen Standards der Gesellschaft und nach den daraus resultierenden speziellen Anforderungen.

2.3 Rollenverständnis in Konsolidierungs- und Umstrukturierungsphasen

2.3.1 Kennzeichnung der Situation

Die derzeitige Situation in der Bundesrepublik Deutschland ist einmal durch einen hohen ‚Reifegrad'[213]) der sozio-ökonomischen Entwicklung gekennzeichnet, der sowohl Ausdruck einer allgemeinen Konsolidierungs- oder Saturierungsstimmung als Grundgefühl nach einer überhitzten Expansions- und der nachfolgenden Depressionsphase ist, als auch Grundlage für ein

---

[213]) S. a. H. GIERSCH: „Die Zukunft Europas ...", ebenda.

gesteigertes Umweltbewußtsein, das sich in Entwicklungsverweigerungen und anderen Umwertungen bisher geltender sozio-ökonomischer Prioritäten niederschlägt („ökologisches Postulat‛[214])).

Zum anderen wird die Lage von den beschriebenen, durchaus gegenläufig und auch gegensätzlich verlaufenden Tendenzen bestimmt, die ihre Ursache in der sich mehr und mehr ausbreitenden 3. (elektronischen) industriellen Revolution haben und auf die Umstrukturierung weiter Bereiche der Wirtschaft abziehen („ökonomisch-funktionales Postulat‛[214])).

Die sozio-ökonomische Situation in der Bundesrepublik an der Wende der siebziger zu den achtziger Jahren stellt sich also als unharmonisch und zutiefst gegensätzlich dar und scheint auf eine grundsätzliche Polarisierung zwischen Erhaltungstendenzen hier und Umstrukturierungszwängen dort hinauszulaufen.

Es kommt hinzu, daß der in früheren Entwicklungsphasen sehr starke politische Druck des Sozialstaates auf Umverteilungen aus sozialen Gründen deutlich zurückgegangen ist, obwohl die Notwendigkeit dazu in vielen Fällen objektiv weiterhin gegeben wäre. Diese Tendenz kann einmal mit dem inzwischen erreichten hohen sozialen Niveau in der Bundesrepublik erklärt werden und zum anderen mit dem andauernden Rückgang der demographischen Potentiale. Das Gewicht des ‚sozialstaatlichen Postulats‛, das bislang die so gut wie einzige Grundlage der Raumordnungspolitik des Bundes war, wird dadurch zusätzlich vermindert[215]).

Im Rahmen des sich verstärkenden ‚ökologischen Postulats‛ haben sich zudem Strömungen herausgebildet, deren Vertreter Raumordnungspolitik als „ganzheitlich ökologisch orientierte Umweltpolitik"[216]) interpretieren. Eine so zu verstehende Raumordnungs- gleich Umweltpolitik wäre unter den Gegebenheiten der Bundesrepublik wohl nur bei graduellen oder sektoralen Entwicklungsverzichten zu realisieren, etwa als Ausdruck überhandnehmender ‚Verweigerungssyndrome‛ und müßte insoweit dem ‚ökologischen Postulat‛ Vorrang vor allen anderen Interessen einräumen.

Als ‚Verweigerungssyndrom‛ wird hier eine verbreitete allgemeine Grundströmung bezeichnet, die als Ausdruck des Überdrusses und des Widerstandes von Teilen der Bevölkerung gegen – als übertrieben, unnötig oder unkontrollierbar empfundene – Formen technischer, ökonomischer oder auch organisatorischer Entwicklungen angesehen werden kann. ‚Verweigerungssyndrome‛ haben sich seit Anfang der siebziger Jahre als Ausdruck von Ängsten und Mißtrauen gegen anonyme Institutionen bei der Festlegung von Kernkraftwerken und anderen Großanlagen herausgebildet. Seitdem hat sich die Grundströmung solcher Verweigerungen gefestigt und weiterentwickelt.

Heute richten sich ‚Verweigerungssyndrome‛ gegen viele Arten von raumbeanspruchenden Projekten und Maßnahmen, gleich ob es sich um neue Autobahn-, Straßen-, Eisenbahn- oder Fernleitungstrassen handelt oder um andere Formen der Inanspruchnahme von Landschaften bzw. Freiräumen durch Nutzungen (auch solche, die ihrerseits im öffentlichen Interesse liegen, wie etwa Kläranlagen), die im Sinne der Erhaltung solcher Räume als schädlich gelten[217]).

---

[214]) S. a. H. WEYL: „Die Beratungsergebnisse der Arbeitsgruppe ‚Ziele‛ des *Beirates f. Raumordnung*". In: ‚Arbeitsmaterial der ARL‛ Nr. 1/1977.
[215]) S. a. Ziffer 1.3.1, S. 16 ff.
[216]) Zit. G. HARTKOPF: „Möglichkeiten und Grenzen einer ökologisch orientierten Umweltpolitik in den 80er Jahren", Pressedienst BMI v. 21.3.79.
[217]) S. die entspr. Aktivitäten von Bürgerinitiativen in div. Bereichen.

Mit einiger Verzögerung sind diese Grundströmungen einer ökologisch (aber auch existentiell) begründeten Entwicklungsverweigerung auch in die politischen Gremien aller Ebenen der Bundesrepublik gelangt, so daß die angeführte „ganzheitlich ökologisch orientierte Umweltpolitik" als Zielvorstellung solcher Tendenzen zu verstehen ist, die einer stärkeren technisch-ökonomischen Weiterentwicklung der Bundesrepublik Widerstand entgegensetzen.

Würde sich eine solche Politik durchsetzen, so müßte sie zu einer grundsätzlichen Umdeutung der bisherigen – eher dynamischen – Rolle der Raumordnung als koordinierender Gestaltungsaufgabe, in eine – eher statisch-konservierende – ‚Umweltordnung' führen, die sich als überwiegend prohibitive, ökologisch und nicht mehr gesamtheitlich motivierte Konservierungsaufgabe zu verstehen hätte[218]).

Eine Gleichsetzung von ‚Raumordnung' mit ‚Raumerhaltung' würde aber in diametralem Gegensatz zu dem anderen – dem ökonomisch-funktionalen – Postulat dieser Entwicklungsphase stehen. Jedenfalls wäre ein ausgewogenes Neben- und Miteinander dieser beiden Postulate – ohne übergeordneten Rahmen – nicht denkbar, weil die Durchsetzung des einen nur bei Fortfall oder entscheidender Schwächung des anderen möglich erschiene.

Denn das ‚ökonomisch-funktionale Postulat' stellt ohnehin auf die bestmögliche Entwicklung der Teilräume der Bundesrepublik unter ökonomisch-technologischen und organisatorischen Gesichtspunkten ab[219]). In der gegenwärtigen Entwicklungsphase erhält es zusätzlich Bedeutung durch das säkulare Phänomen der 3. industriellen (eher gesamtwirtschaftlichen) Revolution, in deren Gefolge mit der Umstrukturierung weiter Teile der Wirtschaft schwerwiegende Probleme auf die Gesellschaft zukommen, die sich aus der Vernichtung von Arbeitsplätzen und der Schaffung andersartiger Beschäftigungen in anderer branchenspezifischer, qualitativer und regionaler Zusammensetzung ergeben[220]).

Soweit sich zu diesem Zeitpunkt übersehen läßt, betreffen die fortfallenden Arbeitsplätze ganze Gruppen von besonders hoch qualifizierten Fachkräften (z. B. Feinmechaniker, Setzer)[221]), deren Berufe (und damit auch deren spezielle fachliche Qualifikation) zum Teil überflüssig werden und ganz fortfallen, während andere Berufssparten nur unter veränderten technischen, organisatorischen und örtlichen Voraussetzungen überleben werden.

Daraus resultieren erhebliche Verschiebungen in dem gesamten beruflichen Gefüge der Bundesrepublik im allgemeinen und in den regionalen Zusammensetzungen beruflicher Qualifikationen und Marktfaktoren im besonderen.

Denn einmal handelt es sich bei einem Großteil der fortfallenden Arbeitsplätze und Berufssparten wie gesagt um solche mit hoher Qualifikation und entsprechend hochwertiger Ausbildung, während überdurchschnittlich viele der hinzukommenden neuen Arbeitsplätze mit Anlernlingen von geringerer beruflicher Qualifikation besetzt werden können[222]).

Weiter werden einige Regionen, die – als Folge derart weitgehender Verschiebungen und Umstrukturierungen der Grunddaten ihrer Wirtschaftsstruktur – besonders betroffen werden, (sei es, daß physische oder technologische oder ökonomische Grundlagen ihrer bisherigen Existenz abgewertet oder hinfällig werden) damit auch einen Teil ihrer bisherigen Standort-

---

[218]) S. a. G. HARTKOPF: „Möglichkeiten und Grenzen...", ebenda.
[219]) S. a. *Beirat f. Raumordnung*, Empfehlungen v. 16.6.1976, S. 24 ff.
[220]) S. a. M. JUNGBLUT: „Heinzelmann oder Killer", ebenda.
[221]) S. a. Ziffer 1.4.2, S. 25 ff.
[222]) S. a. die entspr. Auseinandersetzungen der letzten Jahre z. B. im Druckereigewerbe und in den feinmechanischen Industrien.

faktoren oder eben ihrer überlieferten Standortgunst verlieren, während andere Regionen u. U. durch die gleichen strukturellen Verschiebungen aufgewertet oder angereichert werden könnten (z. B. als Folge der geringeren Ansprüche an besondere Standortfaktoren, wie einen hochwertigen Arbeitsmarkt, bei vielen dieser neuen Arbeitsplätze und deren leichtere – ubiquitärere – Einpassungsmöglichkeiten)[223]).

Mit hoher Wahrscheinlichkeit werden diese strukturellen Veränderungen Anlaß ansteigender interregionaler Ausgleichs-Wanderungen werden, sofern es nicht gelingt, den Übergang von der überlieferten in die neue Wirtschafts- und Standortstruktur durch innerregional wirksame Umschulungs- und sonstige Anpassungsmaßnahmen (einschließlich gezielter Steigerungen der beruflichen Elastizität) zeitgleich mit dem Ablauf der Umstrukturierungsprozesse in die Wege zu leiten; dies erscheint aber wenig wahrscheinlich.

Damit läßt sich der dynamische Aspekt – das ‚ökonomisch-funktionale Postulat' – in der derzeitigen Situation als eine Folge einander bedingender Entwicklungen und Engpässe beschreiben:

- Der technologische Fortschritt bewirkt Innovationen, die ihrerseits zu Entwicklungssprüngen führen;
- die Vermarktung, also die ökonomische Umsetzung dieser Innovationen bewirkt wiederum verschiedenartige Veränderungen der ökonomischen und in deren Gefolge auch der Sozialstruktur der Bundesrepublik;
- im Zuge dieser Veränderungen treten eine Reihe von Engpässen auf, die allemal als Resistenzfaktoren gegen die Veränderungen wirksam werden, von denen jedoch nur einige von Bedeutung auch für die Raumordnung sind;
- bei der Überwindung solcher Engpässe ist daher zu unterscheiden zwischen
  - ökonomisch-professionellen Engpässen in der Bereitstellung ausreichender und geeigneter Arbeitskräfte,
  - sozialen Engpässen, die durch den Fortfall ganzer Berufsgruppen verursacht werden und auf Lösung der beruflichen und materiellen Schicksale der Betroffenen abzustellen sind,
  - psychologischen Engpässen, die durch mentale Sperren und möglicherweise ausgedehnte Verweigerungssyndrome zustande kommen, und denen nur mit entsprechenden psychologischen Therapien zu begegnen ist,
  - politischen Engpässen, die sowohl bundes-, wie landes-, wie regionalpolitischer Art sein können und im Rahmen der hier behandelten Zusammenhänge meist als Widerstände gegen reale oder vermeintliche Besitzstandsminderungen einzustufen sind,
  - finanzherrschaftlichen Engpässen, die durch Einflußnahmen z. B. multinationaler Institutionen entstehen und sich insoweit nationaler Einwirkung entziehen können.
- Bei der Herausarbeitung der jeweils kritischen Engpässe wird sich erweisen, daß unterschiedliche Funktionsbereiche auch unterschiedliche und differenziert zu wertende Engpaßfaktoren haben werden;
- für die Raumordnung werden davon nur solche Funktionsbereiche von unmittelbarem Interesse sein, deren Engpässe überwiegend räumlicher Natur sind bzw. nur solche Prozesse, bei denen es primär um räumliche Probleme geht.

In Interdependenz zu den – im Zuge solcher Umstrukturierungen der Wirtschaft bereits sichtbaren oder zu erwartenden – Engpässen wird es auch zu Bereitstellungsproblemen finan-

---

[223]) S. a. die geringeren Standortansprüche für die Massenfertigung elektronischer Regelkreise; s. a. Ziffer 1.4.2, S. 25 ff.

zieller, sozialer (Arbeitskräfte) und eben räumlicher Art kommen, zu deren Lösung die Raumordnung mit ihrem unzulänglichen Instrumentarium wiederum nur dann beitragen kann, wenn auch die Ursachen überwiegend räumlicher Art sind oder räumliche Lösungsbeiträge sich für die Bereinigung auch sozialer oder finanzieller Probleme anbieten[224]).

Die derzeitige Situation der Raumordnung in der Bundesrepublik wird somit durch den beschriebenen und grundsätzlich nicht auflösbaren Dualismus zwischen zunehmenden Fremdbeeinflussungen unterschiedlicher Art und – darauf reagierenden – ökologisch aber auch existentiell motivierten Bestrebungen mit dem Ziel einer eigenbestimmten Bewahrung in Bedrängnis geratener Werte bestimmt.

Die exogenen Faktoren sind dabei zu unterteilen in
- die weiter anwachsenden Verflechtungen und sonstigen Interdependenzen interregionaler und internationaler Art als Folgen der sich immer schneller vollziehenden Integration der Weltwirtschaft, als dem ökonomisch-organisatorischen Grundmuster der Wirtschaftsentwicklung, und
- die sich weltweit vollziehenden Strukturveränderungen als Ausfluß des säkularen Phänomens der 3. (elektronischen) wirtschaftlichen Revolution, als dem technologisch-innovativen Wirkungsrahmen, der auf die generelle Wirtschaftsentwicklung zusätzlich aufmoduliert erscheint.

In der Zusammenschau stellen sich beide Entwicklungen als sich saldierende Komponenten eines in die gleiche Richtung wirkenden ‚ökonomisch-funktionalen Postulats' dar, das die sozio-ökonomische Entwicklung der Gesellschaft zu optimalem Wachstum drängt, und dessen Gewicht durch das Zusammenkommen beider Komponenten ganz ungewöhnlich angewachsen ist.

Die darauf reagierenden endogenen Faktoren sind gleichfalls zu unterteilen in
- vorwiegend ökologisch motivierte Ansätze, die auf den Schutz der vorhandenen aber gefährdeten Umwelt abstellen (hier als ‚ökologisches Postulat' bezeichnet), und in
- vorwiegend existentiell begründete Tendenzen, die – nur zum Teil ökologisch abgestützt – Widerstand gegen solche raumbeanspruchenden Entwicklungen leisten, durch die weitere Einschränkungen existentieller räumlich-sozialer Rahmenbedingungen zugunsten von technischen oder ökonomischen Fortschritten befürchtet werden (hier als ‚Verweigerungssyndrome' apostrophiert).

Wenn überhaupt, so ist dieser Grundkonflikt innerhalb unserer Gesellschaft, der sich seiner Natur nach potenziert auf den Raum und die Grundsätze jeder räumlichen Ordnung auswirken muß, einzig durch die überwölbende Kraft des sozialstaatlichen Prinzips – wenn auch in anderer und weiter gefaßter Interpretation als bisher[225]) – zu überwinden. Für die Raumordnung zeichnet sich unter dieser Konstellation einmal die Gefahr einer vollständigen Lähmung ab, als Folge einer Nicht-Bewältigung dieses Grundkonfliktes, zum anderen aber auch die Chance eines Neubeginns unter modifizierten Rollen und Aktivitätsfeldern als koordinierender Institution für das räumliche Auffangen und (Um-)Disponieren sozio-ökonomischer Strukturveränderungen unter den übergeordneten Maßstäben einer neu und weiter verstandenen Sozialstaatlichkeit[226]).

---

[224]) S. a. v. BÖVENTER: „Standortentscheidung und Raumstruktur", S. 292 ff.
[225]) S. a. Ziffer 2.1.2, S. 33 ff.
[226]) S. a. *Niederl. Minist. f. Wohnungsbau u. Raumordnung*: „Verstädterungsnote" vom Februar 1976 (Teil III des 3. Berichts über d. Raumordnung).

2.3.2 Verbleibende Tätigkeitsfelder

Unter solchen Bedingungen können der Raumordnung kaum noch ‚quasi-autonome' Tätigkeitsfelder nach dem bislang aufrecht erhaltenen Rollenverständnis verbleiben (wobei es durchaus zweifelhaft ist, ob derart ‚quasi-autonome' Aktivitäten überhaupt jemals vorhanden waren!).

Vielmehr werden die – verbleibenden oder neu hinzukommenden – Tätigkeitsfelder der Raumordnung in einer Gesellschaft, die sich sowohl konsolidiert als auch umstrukturiert, im wesentlichen raumordnerische Antworten auf politische Fragestellungen und Zielsetzungen beinhalten müssen. Denn offenbar kann es nicht Aufgabe der Raumordnung sein zu entscheiden, ob oder inwieweit ökologischen oder als existentiell bezeichneten Interessen Vorrang vor ökonomisch-funktionalen eingeräumt werden soll (oder umgekehrt).

Dagegen ist die Raumordnung nach wie vor aufgerufen, ihre spezifischen Antworten auf politisch vorgegebene Fragen zu geben, wie etwa die räumliche Umsetzung politisch bestimmter Gewichtungen und Funktionszuweisungen an bestimmte Teilräume. Solche Gewichtungen können dabei teils direkte Folgen staatlichen Handelns sein (z. B. als Resultat von Verwaltungs- und Gebietsreformen, die raumstrukturell und sozio-ökonomisch bewältigt werden müssen), teils auch nur mittelbar mögliche Reaktionen staatlichen Handelns auf räumliche Auswirkungen ökonomischer oder technologisch-innovativer (und insoweit meist fremdgesteuerter) Prozesse, deren soziale, raumbezogene Bewältigung ebenfalls Aufgabe des Staates ist[227]).

In beiden Fällen können von der Raumordnung Analysen und Vorschläge für raumgerechte Neuverteilungen von Funktionen und Standorten erarbeitet werden, wobei die Schwerpunkte der Tätigkeitsbereiche raumplanerischen Handelns sich in den instrumentellen und koordinierenden Bereich verlagern.

Auch unter diesen modifizierten Umständen kann weiterhin von einer ‚Raumordnungspolitik' zur Erreichung der von der Gesellschaft vorgegebenen Ziele gesprochen werden. Nur wäre deutlicher als bisher, daß raumordnerische Ziele keine autonomen Ziele sein können, sondern lediglich abgeleitete politische Ziele, und Raumordnungspolitik keine originäre Politik, sondern ebenfalls instrumentelle und insoweit abgeleitete Politik[228]).

Bei der Bewertung der so modifizierten Tätigkeitsfelder ist sicherlich v. BÖVENTER zu folgen, der darauf hinweist, daß die Einflußmöglichkeiten der Raumordnung als solcher tendenziell geringer werden[229]). Gerade in der gegenwärtigen Situation sollte aber nicht übersehen werden, daß ein Großteil der Innovationen, um deren räumliche Auswirkungen es geht, mit öffentlichen Mitteln langfristig finanziert und so erst ermöglicht wurden. Daraus ist aber ein Anspruch der öffentlichen Hände abzuleiten, ihnen als den Trägern des finanziellen Risikos auch das Mitspracherecht bei den Standortentscheidungen und insoweit die Mitentscheidung über die räumlichen Auswirkungen der eingesetzten Mittel einzuräumen[230]).

Grundsätzlich sollte deutlich sein, daß die Befugnisse des Staates in der Raumordnung sich in Übergangsperioden säkularer Bedeutung, die die materielle Mithilfe der öffentlichen Hand etwa bei langfristigen, innovativ angelegten Entwicklungsprozessen erforderlich machen, nicht mehr allein auf die Wahrung der dargelegten gesetzlichen Kompetenzen beschränken können[231]).

---

[227]) S. a. *Beirat f. Raumordnung*, Empfehlungen v. 16.6.1979, 3.2, S. 21 ff.
[228]) S. a. Ziffer 2.2, S. 36 ff.
[229]) S. a. E. v. BÖVENTER: „Standortentscheidung und Raumstruktur", S. 299 f.
[230]) S. a. H. WEYL: „Planerische u. institutionelle Aspekte...", ebenda, S. 69 ff.
[231]) S. a. W. ERNST: „Zur staatlichen Verantwortung...", ebenda.

Vielmehr entstehen zumindest dem Bund, als dem Mitveranlasser und Mitfinanzierer solcher innovativer Eingriffe in die sozio-ökonomische Struktur des Landes, in seiner Funktion als Sozialstaat daraus zusätzliche Verpflichtungen den betroffenen Bürgern gegenüber, zu deren Abgeltung ein Anteil an der Sachherrschaft und damit an der Entscheidungsfindung erforderlich und angesichts des Einsatzes öffentlicher Mittel auch gerechtfertigt ist. Eine solche Mitwirkung an den Entscheidungsfindungen der betreffenden Wirtschaftssparten muß auch die räumlichen Niederschläge daraus mit einbeziehen und sollte auch generelle wie spezielle Standortfestlegungen umfassen[232]).

Der gesteigerten Mitverantwortung des Staates in seiner zusätzlichen Rolle als Auslöser und Mitträger wirtschaftlicher Entwicklungen muß also auch ein zusätzliches, privatrechtlich begründetes Recht auf Mitentscheidung entsprechen. Wenn auch ein solches Recht bei der Stelle ressortieren würde, die für die Mittelvergabe verantwortlich ist, so könnten (und sollten) die raumwirksamen Komponenten einer solchen Mitbestimmung an die Raumordnung als koordinierende Institution des Bundes delegiert werden[233]).

Damit würden die eng gewordenen öffentlich-rechtlichen Tätigkeitsfelder der Raumordnung um eine im Grunde privatrechtliche Komponente erweitert, durch deren Einsatz sie gerade solche u. U. kritischen Standortentscheidungen der Privatwirtschaft mit beeinflussen könnte, die die sozio-ökonomische Grundstruktur der Bundesrepublik umzuformen beginnen[234]).

Etwaigen Kritikern an der Möglichkeit und Zweckmäßigkeit solcher Einflußnahmen des Staates auf die sozio-ökonomische Entwicklung wären als Beispiele staatlichen Handelns in ähnlichen Situationen die ‚New-Deal-Politik' in den USA in den dreißiger Jahren, die britische ‚Industrial Development Policy' einer räumlichen Beeinflussung der Standorte der im Zuge der 2. industriellen Revolution Anfang der fünfziger Jahre neu entstehenden Elektronik-Industrien[235]) und das z. Z. in Frankreich angewandte Verfahren zur Einfügung der durch die 3. industrielle Revolution bewirkten Strukturveränderungen in die überlieferte sozio-ökonomische Struktur des Landes[236]) entgegenzuhalten.

Schließlich sind die derart modifizierten Tätigkeitsfelder der Raumordnung auch unter den veränderten internationalen Standortbedingungen des Standortes Bundesrepublik im Verhältnis zu neu entwickelten oder ebenfalls umstrukturierten anderen Makrostandorten sowohl innerhalb wie außerhalb Europas[237]) zu überprüfen und gegebenenfalls nochmals abzuwandeln.

Denn die lohnbedingten Verschiebungen in den Kostenstrukturen der Industriestaaten untereinander und vor allem zwischen der Bundesrepublik und den sich industrialisierenden Ländern der dritten Welt haben zu einem erheblichen Transfer von Arbeitsplätzen und Technologien aus der Bundesrepublik in kostengünstigere Länder geführt, deren – zunächst negative – Auswirkungen bereits an anderer Stelle dargelegt wurden[238]).

Zu diesen lohnbedingten Kostenverschiebungen addieren sich die starken Änderungen in den Währungsparitäten zwischen den Hauptindustrieländern hinzu, weil sie die Kostenstruktur der Bundesrepublik (mit geringen Ausnahmen) im gleichen Sinne beeinflussen.

---

[232]) S. a. H. Weyl: „Planerische u. institutionelle Aspekte bei der Konzipierung kerntechnischer Anlagen". In: ‚ARL Arbeitsmaterial', Nr. 21, S. 69.
[233]) S. a. „Wirtschaftl. u. sozialer Wandel . . .", ebenda, S. 338 ff.
[234]) S. a. Ziffer 1.4.2, S. 23 ff.
[235]) S. a. H. Weyl: „Stadtsanierung u. Neue Städte in England", Essen 1962.
[236]) S. a. H. Weyl: „Die Conférence Nationale . . .", ebenda.
[237]) S. a. P. Rogge: „Tendenzwende . . .", ebenda, S. 40 ff.
[238]) S. a. Ziffer 1.4.2, S. 23 ff.

Die Summe dieser beiden Trends bewirkt die gleichfalls bereits behandelten[239]) Verlagerungen in den Standortgegebenheiten der Bundesrepublik, deren Auswirkungen auf die Raumordnung bzw. auf deren Tätigkeitsfelder zwar deutlich spürbar aber nur wenig zu beeinflussen sind, weil sie wesentlich durch externe oder übernationale Komponenten zustandekommen.

Gemeinsam mit den zuvor beschriebenen vorwiegend exogenen (ökonomisch-funktionalen) und vorwiegend endogenen (ökologisch-existentiellen) Tendenzen führen sie zu weiteren Modifizierungen der Tätigkeitsfelder der Raumordnung, und zwar in Richtung auf eine Anpassung an die Rahmenbedingungen auch dieser exogenen oder doch wesentlich fremdbeeinflußten Entwicklungen. Entsprechend erfahren die verbliebenen Tätigkeitsfelder nochmals graduale Gewichtsverlagerungen, die aber als Neuorientierungen und nicht als zusätzliche Einschränkungen verstanden werden sollten.

Allerdings spricht HÜBLER in ähnlichem Zusammenhang von einem Übergang zu „inkrementalen Planungsansätzen" unter Aufgabe des „umfassenden Planungs- und Programmierungsanspruchs"[240]). Doch werden bei dieser Formulierung die Chancen der eher veränderten als eingeschränkten Tätigkeitsfelder für eine fortentwickelte Raumordnung offenbar zu gering eingeschätzt.

Denn manche der bislang geübten Rollen der Raumordnung in der Bundesrepublik finden zwar keinen Niederschlag in den verbleibenden Tätigkeitsfeldern. Der gleiche Phasenwechsel, der das bislang geltende Rollenverständnis und die damit verbundenen Tätigkeitsfelder der Raumordnung in manchen Bereichen ad absurdum geführt hat, bewirkt aber zugleich neue und modifizierte Ansatzpunkte für zusätzliche, andersartige, vielleicht auch stärker pragmatische aber darum nicht weniger bedeutende Tätigkeitsfelder, die insoweit positiv bewertet werden sollten[241]).

Nach diesen sozio-ökonomischen Umgewichtungen und Umorientierungen bleiben der Raumordnung Funktionen und Aktivitäten, die etwa folgendermaßen definiert werden können:

– Alle verbleibenden Tätigkeitsfelder sind als räumliche oder raumordnerische Antworten auf gesellschafts-, wirtschafts- oder technologiepolitische Fragen zu verstehen; daher ist keines dieser Wirkungsfelder ‚autark'.

– Als endogene Tätigkeitsfelder stellen sich raumpolitische und raumstrukturelle Antworten auf endogene politische Fragenkomplexe; dazu zählen die erforderlichen räumlichen Aussagen zu den eingeleiteten oder durchgeführten Reformen, die sich direkt oder indirekt raumbedeutsam auswirken, wie z. B. zu den Gebiets- und Verwaltungsreformen, den Bildungsreformen (Schulen und Hochschulen), der Finanz- und der Rentenreform, aber auch zu gesellschafts- oder wirtschaftspolitisch erwünschten Funktionszuteilungen an bestimmte Teilräume (Festlegung von Vorrangräumen, von Räumen mit Leitfunktionen oder auch von Raumtypen und Raumkategorien mit spezifischen Förderprogrammen)[242]).

– Als bedingt endogene Tätigkeitsfelder zeichnen sich raum- und siedlungsstrukturelle Reaktionen auf raumbedeutsame Strukturveränderungen ab, die vorwiegend von den Auswirkungen der 3. (elektronischen) wirtschaftlichen Revolution verursacht werden (z. B. Sicherung bzw. Erhaltung der Existenzgrundlagen von regional massierten Bevölkerungsteilen,

---

[239]) S. a. Ziffer 1.4.2, S. 24 f.
[240]) Zit. K. H. HÜBLER: „Kritik zum strategischen Ansatz der Bundesraumordnung", ebenda.
[241]) S. a. Ziffer 2.3.1, S. 48 ff.
[242]) S. a. *Beirat f. Raumordnung*, Empfehlungen v. 16.6.1976, ebenda, S. 24 f.

deren Arbeitsplätze entfallen, durch gezielte und differenzierte An- und Umsiedlungsmaßnahmen)[243].

- Als delegierte endogene Tätigkeitsfelder kommen mitbestimmende Aktivitäten hinzu, die sich aus der Beteiligung an der Sachherrschaft der öffentlichen Hand bei der längerfristigen Entwicklung von Innovationen auf bestimmten Wirtschaftsbereichen ergeben oder ergeben sollten; dazu gehörte allerdings die Entwicklung geeigneter Mischformen aus öffentlich- und privatrechtlich abgeleiteten Einflußnahmen der Raumordnung (z. B. auf die Dimensionierung, Qualifizierung und u. U. auch Standortfestlegung von Systemen und sperrigen Einzelvorhaben in Wirtschaftsbranchen, die durch öffentliche Mittel direkt oder indirekt gefördert oder gestützt werden)[244].

- Damit auf vielfältige Weise verbunden sind die räumlichen Reaktionen auf überwiegend exogene Entwicklungen, die weniger durch technische Innovationen als durch Veränderungen bestehender ökonomischer Grunddaten und Gleichgewichtszustände verursacht werden (z. B. durch den Transfer von Technologien und Arbeitsplätzen in Länder oder Gebiete mit niedrigerem Lohnniveau), und deren regionale Folgen ebenfalls durch differenzierte Maßnahmen ausgeglichen oder doch abgeschwächt werden müssen[245].

- Aus dieser Verschiebung der bisherigen Tätigkeitsfelder ergibt sich zugleich eine wesentliche Verstärkung aller koordinierenden Komponenten, zu deren Wahrnehmung wiederum die Entwicklung spezifischer und differenziert-sensibler Verfahren erforderlich wird (z. B. um Raumordnung in der Koordinierung zwischen Bereichen mit extrem unterschiedlichen Zugriffsmöglichkeiten jeweils auf adäquate Weise wirksam werden zu lassen).

- Als zunächst konkurrierende Tätigkeitsfelder zwischen der Raumordnung und den Fachplanungen des Bundes wirken sich noch die Vorab-Regionalisierungen sektoraler Fachplanungen aus, die bislang häufig ohne rechtzeitige Beteiligung der Raumordnung oder auch neben dieser durchgeführt wurden. Schon bei der regionalisierten Verkehrswegeplanung des Bundes und mehr noch bei der regionalen Wirtschaftsförderung führten derartige fachbezogene Regionalisierungen einmal zu materiell abgestützten einseitigen Anspruchsniveaus und zum anderen zu Fehlentwicklungen aus Mangel an intersektoralen Koordinationen; entsprechend sollte die Koordinierung regionalisierter Fachplanungen des Bundes grundsätzlich durch die Raumordnung durchgeführt werden[246].

Da mithin die Tätigkeitsfelder der Raumordnung als raumbezogene Antworten auf sektorale, regionale oder auch globale politische Fragen, Wertvorstellungen und Zielsetzungen zu begreifen sind, wird den zeitbedingten Wandlungen bisher geltender Wertvorstellungen soweit Rechnung zu tragen sein, wie das mit dem längerfristig rahmensetzenden Charakter der Raumordnung zu vereinbaren ist. Der vorgegebene und nur wenig veränderbare physische Rahmen der Raumordnung mag sich dabei relativierend und begrenzend auf die kurzfristigen, politisch motivierten Ausschläge der unterschiedlichen und in stetem Wandel begriffenen Prioritäten und sonstigen Zielvorstellungen auswirken[247].

---

[243] S. a. Ziffer 1.4.2, S. 23 ff.
[244] H. WEYL: „Planerische und institutionelle Aspekte...", ebenda, S. 69 f.
[245] S. a. P. ROGGE: „Wirtschaft nach Wachstum", ebenda.
[246] S. a. HÜBLER: „Kritik zum strategischen Ansatz...", ebenda.
[247] S. a. ERNST: „Das öffentliche... Raumplanungsrecht", ebenda, S. 14 f.

2.3.3 Verändertes Selbstverständnis

Aus der veränderten Gesamtsituation der Gesellschaft und den daraus resultierenden Veränderungen und Klarstellungen in den Funktionen, Zielsystemen und Tätigkeitsfeldern der Raumordnung in einer Konsolidierungsphase, die sich zugleich als Periode tiefgreifender Umstrukturierungen zu verstehen hat, muß sich zwangsläufig auch ein verändertes Selbstverständnis der Raumordnung ergeben.

Dieses veränderte Selbstverständnis wird vorab – und auf sehr grundsätzliche Weise – bestimmt durch die erforderliche Umwertung der bislang als originär-politisch verstandenen Rolle in eine angewandt-politische Rollenfunktion, die eher als raumbedeutsames Frühwarnsystem für die politische Entscheidungsfindung und damit als differenziert-sensible Antenne zur Rezeption, Koordination und (bedingt) mitwertenden Verarbeitung aller von innen und außen kommenden Einflüsse und Maßnahmen von potentieller Raumbedeutsamkeit zu verstehen ist[248]).

Zu dem daraus resultierenden, bescheideneren Selbstverständnis gehört weiter die Einsicht in die notwendige Einbettung der Raumordnung in das vielschichtige und in sich häufig kontroverse Gefüge pluralistisch bestimmter Zielvorstellungen unter Verzicht auf alle – mehr oder minder angemaßten – Beherrschungs-, Lenkungs- und Schiedsrichterfunktionen der Raumordnung im Verhältnis zu vielfach originären Politikbereichen[249]).

Daher wird sich auch die Zielgebung einer Raumordnung unter diesem modifizierten Selbstverständnis aus den Zielvorgaben der raumwirksamen originären Politikbereiche abzuleiten haben und nicht mehr aus – für originär gehaltenen – räumlichen Ausgleichsvorstellungen[250]). Ein derart fortgeschriebenes Selbstverständnis sollte Raumordnung als ebenso differenzierte wie weit gefächerte Auffangeinrichtung empfinden und als mitwertende Verteilungsinstanz für alle raumbedeutsamen Prozesse und Maßnahmen unter Reduzierung etwaiger ressortpolitischer Eigengewichte.

In diesen Rahmen ordnet sich auch die Aufwertung der bislang eher nachrangigen administrativ-instrumentellen Rollenanteile ein sowie die Ausdehnung instrumenteller Funktionen auf Bereiche, die von der Raumordnung nach ihrem früheren Selbstverständnis kaum in Anspruch genommen wurden. Denn einmal waren entsprechende Kompetenzen bestenfalls theoretisch vorhanden, blieben aber obsolet[251]), und zum anderen beginnen inzwischen denkbar gewordene Kompetenzen sich abzuzeichnen, wie z. B. die angeregten interministeriellen Kompetenzdelegationen als Folgewirkung der stärkeren Beteiligung der öffentlichen Hand an langfristig programmierten technologisch-ökonomischen Innovationen.

Zu diesem gewandelten Selbstverständnis gehört aber nach wie vor, daß Raumordnung sich als langfristig wirksame Ausfüllung vorgegebener physischer Rahmenbedingungen begreift, in die die Vielfalt u. U. schnell wechselnder, kurzfristig konzipierter politischer Zielsetzungen in alternierender Abfolge und Modulierung eingebracht und auch relativiert wird[252]).

Das Selbstverständnis der Raumordnung in dieser spezifischen Phase der gesellschaftlichen und wirtschaftlichen Entwicklung drückt sich also weniger in einem Bedeutungsrückgang der Aufgabe als solcher aus, etwa der Art, daß das (bisher behauptete) unmittelbare politische

---

[248]) S. a. v. BÖVENTER: „Standortentscheidung u. Raumstruktur", S. 292 ff.
[249]) S. a. HÜBLER: „Kritik zum strategischen Ansatz...", ebenda.
[250]) S. a. „Wirtschaftl. u. sozialer Wandel in der BRD", ebenda, S. 327 ff.
[251]) S. a. *Beirat f. Raumordnung*, Stellungnahme v. 3.7.1974, ebenda, S. 169 f.
[252]) S. a. W. ERNST: „Das öffentliche... Raumplanungsrecht", S. 14 ff.

Gewicht sich vermindert habe, als vielmehr in einer Bedeutungsänderung, die auf Veränderungen in wesentlichen Parametern der gesellschaftlichen und wirtschaftlichen Entwicklung zurückzuführen ist, aber auch auf klarere Einsichten in Position und Rolle der Aufgabe.

Unter dem Strich erweist sich, daß Raumordnung bei knappen Verteilungspotentialen auf der einen und starkem Veränderungsdruck in den ökonomischen Grunddaten auf der anderen Seite, als Koordinierungsinstrument tendenziell eher noch wichtiger wird als in Expansionsphasen, weil Fehlentwicklungen bei knappen Potentialen aber gleichzeitig hohem Veränderungsdruck sich besonders nachteilig auswirken müssen und nur durch koordinierende, längerfristig abgesicherte Planung vermieden werden können[253].

---

[253] S. a. W. ERNST: „Zur staatlichen Verantwortung . . .", ebenda.

3. Umsetzung veränderter Rahmenbedingungen für die Raumordnung in Verwaltungshandeln auf der Ebene des Bundes

Die bisher gewonnenen Einsichten in die veränderten Rahmenbedingungen und Aufgabenstellungen von Raumordnung in der gegenwärtigen Phase der Entwicklung, in der Elemente von Konsolidierung, ja von Entwicklungsverweigerung mit solchen einer allgemeinen Umstrukturierung bei zunehmender übernationaler Verflechtung harmonisiert werden müssen, sind nunmehr in ein praktikables Verwaltungshandeln auf Bundesebene umzusetzen, also auf derjenigen Bezugsebene, auf der die größten Defizite (auch nach bisherigem Verständnis), die höchsten Regelungsbedürftigkeiten und die kompliziertesten Kompetenzabgrenzungen vorliegen.

Dabei ergeben sich sehr unterschiedliche Ansatzpunkte, je nachdem, ob es sich um raumordnerische Aktivitäten und Zielvorstellungen im Außen- oder im Innenverhältnis des Bundes handelt.

3.1 Raumordnung im Außenverhältnis des Bundes

Im Außenverhältnis des Bundes wird das Verwaltungshandeln im Rahmen einer übernationalen Raumordnung durch das Spannungsverhältnis zwischen nach wie vor vorhandenen nationalstaatlichen ‚Autarkie-Bestrebungen' in wesentlichen Politikbereichen einerseits und den – sich weiter verstärkenden – übernationalen Koordinations- und Integrationsbestrebungen auf der EG-Ebene andererseits charakterisiert, durch das wiederum der Grad an Arbeitsteilung zwischen den einzelnen Mitgliedstaaten bzw. auch zwischen den Teilregionen der EG bestimmt wird.

Im Rahmen dieser Entwicklungen kommt es mehr und mehr zu Übertragungen nationaler Raumordnungsfunktionen auf die übernationale Ebene bei allerdings unterschiedlichen Dringlichkeitsstufen in den einzelnen Politikbereichen.

3.1.1 Wahrnehmung über- und zwischennationaler Funktionen

Maßgebend für die raumordnerischen Aktivitäten im Außenverhältnis des Bundes ist zunächst die starke Zunahme innereuropäischer und interkontinentaler Verflechtungen zwischen den einzelnen nationalen Volkswirtschaften und zum anderen die Durchsetzung internationaler ökonomischer und technologischer Normen und Innovationen mit starker Bindungs- und Steuerungswirkung auf die betroffenen Länder[254].

---

[254] S. a. „Auswirkungen der europäischen Integration auf die großräumige Entwicklung in der BRD", Schriftenreihe BMBau 06.010, 1976; s. a. *Beirat f. Raumordnung*, Empfehlungen v. 16.6.1976, ebenda, S. 61 ff.

Gerade die fortschreitende Integration der Staaten der Europäischen Gemeinschaft bewirkt, daß für immer mehr bislang nationale Aufgaben übernationale Richtlinien, Normen, Standortsabstimmungen und zeitliche Koordinationen erforderlich werden.

Während die ersten Ansätze solcher raumbedeutsamen übernationalen Rahmensetzungen sich entweder auf die Anerkennung gemeinsamer Grundsätze bezogen (etwa bei der Entwicklung des ländlichen Raumes, des Ausbaus der großen Metropolen oder der Entwicklung zentraler Orte in ländlichen Regionen) oder auf die Dezentralisierung der Entscheidungsprozesse in den nationalen Raumordnungspolitiken[255]), stehen jetzt sehr viel detailliertere Abstimmungs- und Entwicklungskonzeptionen zur Erörterung, wie z. B. die Ausarbeitung einer Europäischen Raumordnungscharta mit regional-spezifisch differenzierten Zielvorstellungen oder die Förderungsmaßnahmen durch den ‚Europäischen Fonds für regionale Entwicklung (EFRE)'[256]).

Die raumordnungsrechtliche Entwicklung folgt dabei den ganz allgemein zu beobachtenden Trends, wonach das Recht der Gemeinschaft Vorrang vor dem Recht der Einzelstaaten erhält (EG-Recht bricht Landesrecht)[257]).

Im Zuge der weiteren Integration der Staaten der Europäischen Gemeinschaft wird es dabei auf immer mehr Gebieten erforderlich, sektoralpolitische Entwicklungskonzeptionen für Teile oder auch für die Gesamtheit der EG zu formulieren mit – mehr oder weniger – bindender Wirkung für die betroffenen bzw. für alle Mitgliedstaaten. Entsprechende Abstimmungsansätze finden sich

– auf Gebieten der Fach- bzw. Ressortplanung,

– in der EG umfassenden Querschnittsplanung,

– in der EG umfassenden Zielplanung,

– in der sektoralen Maßnahmenplanung für Teile der EG.

So liegen etwa im Transportwesen sektorale Entwicklungspolitiken auf EG- oder auf europäischer Ebene bereits vor für

– den Ausbau des übergeordneten Straßennetzes von europäischer Bedeutung (‚Europastraßennetz'),

– den Ausbau des übergeordneten Eisenbahnnetzes von europäischer Bedeutung[258]),

– den Ausbau bzw. die Koordination der Luftverkehrsnetze von europäischer bzw. interkontinentaler Bedeutung.

Die Initiative für die Konzipierung dieser europäischen Verkehrsnetze lag aber bislang bei den Verkehrsministern der einzelnen Staaten, so daß etwa in der Bundesrepublik die Raumordnung bestenfalls informativ beteiligt wurde und raumbedeutsame Anregungen und Bewertungen meist nur nachträglich einbringen konnte[259]).

---

[255]) S. a. Raumordnungsbericht 1978, ebenda, VI./1., S. 48.
[256]) S. a. Raumordnungsbericht 1978, ebenda, VI./3., S. 49 ff.
[257]) S. a. „Auswirkungen der europäischen Integration . . .", ebenda, S. 22 ff.
[258]) S. a. *Union Internationale des Chemins de Fer*: „Plan Directeur du Chemin de Fer Européen de l'Avenir", Europarat, Straßburg 1975.
[259]) S. a. *Beirat f. Raumordnung*, Empfehlungen v. 16.6.1976, S. 65 ff.

Hinzu kommen intereuropäische Absprachen über die Telekommunikationsnetze von europäischer Bedeutung, die wiederum von den für das Fernmeldewesen zuständigen Ressorts getroffen wurden, auch hier meist ohne vorherige Beteiligung der Raumordnung.

Bei aller Unterschiedlichkeit in Gewicht und Auswirkungen dieser innereuropäischen Ressortplanungen sind damit Systeme von erheblicher Bedeutung für die übergeordnete und damit zugleich auch für die nationale Raumordnung der Einzelstaaten festgelegt worden. In vielen Fällen wurden selbst Festpunkte von höchster Raumbedeutsamkeit mit daraus resultierenden Leitfunktionen für die betroffenen Makrostandorte festgesetzt, meist ohne daß vorher ein Ausgleich intersektoraler Art im Rahmen der Raumordnung versucht worden wäre.

Unter den veränderten Entwicklungsbedingungen der derzeitigen, in sich kontroversen Umstrukturierungsphase einerseits, und angesichts der sich weiter vollziehenden wirtschaftlichen, sozialen, politischen und rechtlichen Integration der einzelnen Nationalstaaten innerhalb der EG andererseits, können übernationale sektorale Programme von großer räumlicher Bedeutung nicht mehr – wie bisher – in ressortpolitischen Alleingängen festgelegt werden. Vielmehr gehört sowohl die inner- wie die übernationale Abstimmung derart raumbedeutsamer Planungen in die Kompetenz der Bundesraumordnung.

Besonders dringend im Bereich der Fach- bzw. Ressortplanungen ist die Einschaltung der Raumordnung bei der Konzipierung und Koordinierung der übernationalen Energieplanung und der entsprechenden Energieverteilungssysteme, ein ungewöhnlich komplexes Vorhaben von größter gesellschaftlicher, wirtschaftlicher und damit auch räumlicher Bedeutung, das bislang an dem Fehlen einer europäischen (und im Grunde auch einer nationalen) Energiepolitik gescheitert ist. Über die nationalen Rahmenbedingungen innerhalb des Energie-Komplexes und die hier zu fordernden Kompetenzverteilungen wird noch gesondert zu sprechen sein[260]).

3.1.2 Koordinierung und Zielabstimmung übernationaler Entwicklungen

Als weitere Kompetenzen der Raumordnung im Außenverhältnis des Bundes wären anzuführen:

– im Bereich der traditionellen Raumordnung die Zielabstimmung und weitere Koordinierung bei der Entwicklung der großen Verdichtungsräume von metropolitaner bzw. europäischer Bedeutung, einschließlich der Erarbeitung von Indikatoren und Szenarios zur Qualifizierung, Prognostizierung und Rahmensetzung für die zukünftige Entwicklung solcher Räume; Vorarbeiten dafür sind bereits im Rahmen von PREST[261]) geleistet worden;

– damit im Zusammenhang die Mitwirkung bei der Entwicklung einer europäischen Rahmenkonzeption zur Festlegung und Abstimmung übernational bzw. gesamteuropäisch bedeutsamer Funktionsräume und von Räumen mit ‚Leitfunktionen' von europäischer Bedeutung. So nimmt z. B. Rotterdam als Hafen und Raffineriestandort ‚Leitfunktionen' auf diesen Bereichen für große Teile des westlichen Mitteleuropas wahr und der Bodensee die Funktion eines überregional und übernational bedeutsamen Trinkwasserreservoirs[262]);

– die Koordinierung und Festlegung der zwischenstaatlichen Kommunikations- und Entwicklungsachsen, also der grenzüberschreitenden bzw. der nationalen Raumordnung übergelagerten Matrix der Grundzüge der europäischen Raumordnung und der Übergangspunkte

---

[260]) S. a. Ziffer 3.2.1, S. 63 f.
[261]) PREST = ‚Politique de la Recherche Scientifique et Technique' der EG.
[262]) S. a. SÄTTLER, ISENBERG, WEYL: „Strukturelle Veränderungen in Verdichtungsräumen – Arbeitsplätze", Schriftenr. BMBau 06.030, S. 9 ff.

zwischenstaatlicher Kommunikationssysteme „mitsamt der daraus resultierenden Ausrichtung der Hauptverkehrs- und Transportwege zu diesen hin"[263]);
- die „Festlegung von Standorten zur Konkretisierung besonderer Beziehungen mit benachbarten Staaten"[263]), wie z. B. von übernational wirkenden Messestandorten oder von internationalen bzw. interkontinentalen Flughäfen;
- die Mitbeteiligung an der Zielabstimmung und Planung grenzüberschreitender, einheitlich strukturierter EG-Regionen, wie z. B. der Montanregion Lothringen-Saarland oder der Textilregion ‚Euregio', einschließlich der Koordinierung eventuell erforderlicher Umstrukturierungsmaßnahmen im Zuge der 3. (elektronischen) wirtschaftlichen Revolution;
- die Koordinierung zwei- und mehrseitiger grenzüberschreitender Planungen und Maßnahmen regionaler und sektoraler Art, z. B. zur Abgrenzung und Festlegung grenzüberschreitender Naturparks oder grenzüberschreitender Bodenabbau-Maßnahmen, und zur Abstimmung grenzüberschreitender Energieleitungs-Trassen und grenznaher Standorte von Großkraftwerken und industriellen Großanlagen[264]).

3.1.3 Zwischenstaatliche Raumordnungspolitik und Raumforschung

Schließlich gehören in die Kompetenz der Bundesraumordnung auch die Mitwirkung an übernationalen Grundsatzfragen der Raumordnung und die Beteiligung an der europäischen Raumforschung.

Darunter fallen:
- die Mitbeteiligung an der Erarbeitung einer gemeinsamen Raumordnungspolitik der Gemeinschaft unter besonderer Berücksichtigung der bereits vorhandenen und der mittelfristig darüber hinaus zu erwartenden Disparitäten zwischen den einzelnen Staaten der Gemeinschaft, u. a. wiederum im Gefolge der 3. (elektronischen) wirtschaftlichen Revolution und der Auswirkungen der weiter zunehmenden Arbeitsteilung;
- die Mitbestimmung an der „Sicherung der im europäischen Maßstab wirksamen Lebensgrundlagen"[265]), das heißt also bei der Durchsetzung ökologischer Prioritäten von europäischer Bedeutung aber ebenso bei der Bewertung anlaufender Entwicklungen im gesamteuropäischen oder im EG-Rahmen unter den Gesichtspunkten eines verstärkten oder doch höher bewerteten Umweltbewußtseins;
- die Wahrnehmung der Mitsprache-Funktionen der Bundesrepublik im Rahmen des ‚Europäischen Fonds für regionale Entwicklung' (EFRE) unter den Gesichtspunkten einer Milderung der sozio-ökonomischen Disparitäten zwischen den einzelnen EG-Staaten einerseits und ihren besonders schwach strukturierten Teilräumen andererseits;
- die Wahrnehmung und Koordinierung der Interessen der Raumordnung im Rahmen des ‚Europäischen Sozialfonds' (ESF) und des ‚Europäischen Ausrichtungs- und Garantiefonds für die Landwirtschaft' (EAGFL)[266]);
- die Weiterentwicklung und kontinuierliche Abstimmung der zwischenstaatlichen und EG-bezogenen Grundlagenforschung in den räumlichen Wissenschaften und in der Raumordnung, einschließlich der Erarbeitung übernational anwendbarer Indikatoren, Normen und Szenarios zur Verdeutlichung der derzeitigen und zukünftigen räumlichen Entwicklungs-

---

[263]) Zit. *Beirat f. Raumordnung*, Stellungnahme v. 3.7.1974, ebenda, S. 169.
[264]) S. a. Raumordnungsbericht 1978, VI/2, S. 48 f.
[265]) Zit. *Beirat f. Raumordnung*, Stellungnahme v. 3.7.1974, ebenda, S. 169.
[266]) S. a. Raumordnungsbericht 1978, VI./3., S. 49 f.

möglichkeiten der Europäischen Gemeinschaft und ihrer Mitglieds-Länder und zur Erleichterung der immer dringlicher werdenden Koordination im Rahmen der EG-Regionalpolitik[267]).

Diese Zusammenstellung von – teils bereits geübten, teils notwendigen oder wünschenswerten – Kompetenzen bzw. Kompetenzzuweisungen für die Raumordnung im Außenverhältnis des Bundes kann sicherlich nicht erschöpfend sein. Vielmehr ist anzunehmen, daß als Konsequenz, einmal der weitergehenden europäischen Integration, und zum anderen der immer stärker werdenden Auswirkungen der 3. (elektronischen) wirtschaftlichen Revolution auf die Mitgliedstaaten der Gemeinschaft, einige der angeführten Wirkungsfelder entfallen oder sich verändern und andere neu hinzukommen werden.

In der Tendenz sollten aber die wahrzunehmenden Kompetenzen der Raumordnung im Außenverhältnis des Bundes eher zu- als abnehmen, weil im Rahmen dieser sich ergänzenden Entwicklungen sowohl die ursprünglichen Aufgaben einer europäischen Raumordnung als auch die koordinierenden Aufgaben aufgrund von unabwendbaren Abstimmungserfordernissen zwischen den einzelnen Fachbereichen vermehrtes Gewicht erhalten werden.

3.2 Raumordnung im Innenverhältnis des Bundes

Anders als im Außenverhältnis werden die verbleibenden und neu hinzukommenden Raumordnungsaufgaben und -kompetenzen des Bundes im Innenverhältnis – also zwischen den einzelnen Bundesressorts einerseits und gegenüber den Bundesländern andererseits – durch die Notwendigkeit bestimmt, zu einer Harmonisierung der drei aufgezeigten, unter einander gegensätzlichen Grundströmungen

– dem ökologischen Postulat mit den eingelagerten Verweigerungssyndromen,
– dem ökonomisch-funktionalen Postulat mit dem von ihm ausgehenden Veränderungsdruck und
– dem sozialstaatlichen Postulat in einem abgewandelten bzw. fortgeschriebenen Verständnis

zu gelangen[268]).

Dabei kann die Raumordnung als Ordnungsaufgabe immer nur die raumrelevanten Auswirkungen und Nutzungskonflikte aus den drei Postulaten deutlich machen, während die eigentliche Harmonisierung derart gegensätzlicher Grundströmungen zu den wesentlichen politischen Aufgaben dieser Periode gehört, die entsprechend durch immer erneute Prioritätensetzung und Abwägung innerhalb der Bundesregierung und der politischen Kräfte, die diese tragen, geleistet werden muß.

Unter diesen grundsätzlichen Rahmen- und Wertsetzungen wären die aktualisierten Aufgabenfelder und Kompetenzausübungen der Raumordnung im Innenverhältnis des Bundes etwa wie folgt zu umreißen.

3.2.1 Wahrnehmung nationaler Koordinierungsfunktionen

Der Raumordnung auf Bundesebene obliegt nach wie vor die Wahrnehmung aller raumbedeutsamen Abstimmungsprozesse (Koordinierungsfunktionen) nationaler, interregionaler und intersektoraler Art.

---

[267]) S. a. *Beirat f. Raumordnung*, Empfehlungen v. 16.6.1976, S. 63 ff.
[268]) S. a. H. WEYL: „Die Beratungsergebnisse der Arbeitsgruppe ‚Ziele' des Beirats für Raumordnung", ebenda; s. a. Ziffer 2.3.1, S. 48 ff.

Unter dem Begriff ‚nationale Koordinierungsfunktionen' werden in diesem Zusammenhang alle horizontalen und vertikalen Abstimmungsprozesse verstanden, die für die Gesamtheit der Bundesrepublik oder doch für den länderübergreifenden Bereich ausgeübt werden.

Solche nationalen Koordinierungsfunktionen unterscheiden sich nach
- horizontalen (intersektoralen) Koordinierungen zwischen den raumbedeutsamen Fachplanungen und Maßnahmen der einzelnen Bundesressorts,
- vertikalen Koordinationen zwischen raumordnerischen Aktivitäten des Bundes und der Bundesländer und
- interregionalen Koordinationen zwischen mehreren Bundesländern.

Die *horizontalen* Abstimmungsprozesse auf Bundesebene umfassen lediglich intersektorale Koordinierungen zwischen raumbeanspruchenden Fachplanungen der einzelnen Bundesressorts. Dabei wäre der Raumordnung in Verfahrensstadien, in denen die Grundsatzfragen der Einordnung der betreffenden Fachplanungen in die räumliche Makro-Struktur behandelt wird, die Federführung gegenüber den beteiligten Bundesressorts – also die ‚Herrschaft des Verfahrens' – zu übertragen.

Außerdem sollte der Bundesraumordnung in Fällen von besonderer räumlicher Bedeutung, in denen sie Schiedsfunktionen wahrzunehmen hätte, auch die Federführung für die beteiligten Bundesressorts bei der Einpassung in die räumliche Mikro-Struktur überlassen werden. Entsprechend müßten die betreffenden Raumordnungsverfahren bei den jeweils zuständigen Ländern nicht von den – an sich zuständigen – Fachressorts des Bundes (z. B. dem Bundesverkehrs-, dem Bundeswirtschafts- oder dem Bundeswissenschaftsministerium), sondern von der Bundesraumordnung formuliert und beantragt werden[269]).

Eine Federführung der Raumordnung bei der Koordinierung von Fachplanungen der Bundesressorts wird somit – wohl verstanden innerhalb der Bundesebene! – einmal in bestimmten Verfahrensstadien und zum anderen unter ganz bestimmten oder besonderen Bedingungen erforderlich. Daneben ist die rechtzeitige allgemeine Beteiligung der Raumordnung in allen Verfahrensstadien aller raumbeanspruchenden bzw. raumbedeutsamen Fachplanungen und Maßnahmen der Bundesressorts zu gewährleisten[270]).

Zur Erleichterung aller solcher intersektoralen Koordinierungen sind zwischen der Raumordnung und den Fachressorts des Bundes verbesserte Abstimmungsverfahren für die möglichst schadlose Einordnung der Fachplanungen in die vorgegebenen räumlichen Strukturen bzw. für deren Harmonisierung mit den betreffenden Zielvorstellungen der Raumordnung zu entwickeln[271]).

Vertikale Koordinierungen zwischen räumlichen Aktivitäten des Bundes und der Länder werden von der Raumordnung des Bundes auch in Zukunft in Form von Rahmensetzungen für die Planung der Länder vorzunehmen sein. In dieser Hinsicht brauchte sich an den Grundlagen des Bund-Länder-Verhältnisses in der Raumordnung kaum etwas zu ändern.

Dagegen wird es im Zuge der dargestellten Kompetenzanreicherungen oder -delegationen der Raumordnung zur Verbesserung der horizontalen Koordinierung der Fachplanungen von Bundesressorts auch zu verstärkten Einsätzen der Raumordnung im Zusammenwirken von Bund und Ländern kommen müssen, um auch die vertikale Koordination raumbedeutsamer Fachplanungen zwischen Bund und Ländern reibungsloser gestalten zu können.

---

[269]) S. a. *Beirat f. Raumordnung*, Stellungnahme v. 16.6.1976, ebenda, S. 24.
[270]) S. aber H. J. v. d. HEIDE: „Raumordnung 1977 in rechtl. Sicht", ebenda.
[271]) S. a. Raumordnungsbericht 1978, S. 5.

In – für die Raumordnung des Gesamtstaates – kritischen Phasen oder Situationen sollte der Raumordnung über die bislang geltende Übung hinaus auch bei vertikalen Koordinierungen die Federführung im Namen der betreffenden Fachressorts des Bundes zugesprochen werden. Dies könnte z. B. bei Raumordnungsverfahren von außerordentlicher räumlicher – und damit politischer – Bedeutung eintreten, wie etwa bei der Situierung von nuklearen Großanlagen oder von Großanlagen der Energieerzeugung und der chemischen Industrien von hoher und d. h. hier überregionaler ‚Sperrigkeit'[272]), sofern es dabei zu Zielkonflikten zwischen betroffenen Bundesländern und dem Gesamtstaat käme.

Die Einführung einer speziellen, stärker ‚greifenden' Federführung der Bundesraumordnung sowohl im Namen der beteiligten Bundesressorts als auch gegenüber den betroffenen Ländern als einer Art institutionalisierter ‚ultima ratio' einer koordinierenden Raumordnung wird sich in Zukunft als unabdingbar erweisen, weil im Zuge der 3. (elektronischen) wirtschaftlichen Revolution wie auch im Gefolge der anstehenden Umstrukturierungen im gesamten Energiebereich immer häufiger mit Situationen von einer Komplexität und einem auch politischen Gewicht gerechnet werden muß, die einen deutlich stärkeren Durchgriff der Bundesraumordnung erforderlich machen werden.

Als Ausdruck der sich weiter verstärkenden technologischen und ökonomischen Innovationen einerseits und Verflechtungen andererseits werden auch immer mehr Einzelvorhaben auftreten, deren Umfang oder Gewicht oder Gefährdungspotential derart bedeutend und dazu länderübergreifend sein können, daß Entscheidungen darüber – etwa über Standortfragen – allein von den betroffenen Ländern nicht mehr getroffen und auch politisch ohne Abstützung durch den Bund nicht mehr getragen werden können. In solchen Fällen (z. B. bei nuklearen Aufbereitungsanlagen und Endlagerungsprojekten aber auch bei Großvorhaben wie Tiefwasserhäfen und dergl.) wird die Entscheidungsfindung durch den Bund – vertreten durch die Bundesraumordnung – unabweisbar[273]).

Im grundsätzlichen Unterschied zu den bislang angesprochenen Formen von Federführung der Bundesraumordnung im Rahmen horizontaler Abstimmungsprozesse zwischen einzelnen Bundesressorts und der damit angestrebten Vertretung der betreffenden Bundesinteressen gegenüber den Ländern durch die Bundesraumordnung handelt es sich bei der zuletzt beschriebenen Form von Federführung um einen u. U. punktuellen Durchgriff der Bundesraumordnung bis hinein in die räumliche Mikro-Struktur, also um eine Form von Verwaltungshandeln des Bundes, die verfassungsrechtlich abzusichern wäre und daher einer besonders sorgfältigen Definition und Eingrenzung bedarf[274]).

Die dazu erforderlichen zusätzlichen Kompetenzen des Bundes müßten über die bislang geübten reinen Rahmensetzungen deutlich hinausgehen und bedürfen insoweit zusätzlicher rechtlicher Verankerungen. Entsprechende Rahmenregelungen, in denen die Voraussetzungen für die Anwendung dieser besonderen Art einer durchgehenden Federführung durch die Bundesraumordnung zu präzisieren wären, müßten daher sowohl in die Raumordnungsgesetze von Bund und Ländern als auch in die in Frage kommenden raumbedeutsamen Fachgesetze des Bundes aufgenommen werden.

Als rechtliche Basis derartiger Regelungen könnten die ‚Raumordnungsklauseln' herangezogen werden, die in den meisten – potentiell raumbedeutsamen – Fachgesetzen des Bundes

---

[272]) S. a. H. WEYL: „Planerische und institutionelle Aspekte ...", S. 61 ff.
[273]) S. a. *Beirat f. Raumordnung*, Stellungnahme v. 16.6.1976, ebenda, S. 24 f.
[274]) S. a. W. ERNST: „Zur staatlichen Verantwortung ...", ebenda.

enthalten sind, und die mit den vorgeschlagenen Sonderregelungen im Grunde nur fortgeschrieben bzw. ausgebaut würden. Raumbedeutsame Fachgesetze des Bundes, in denen ‚Raumordnungsklauseln' bislang noch fehlen (u. a. Atomgesetz und Gewerbeordnung), wären entsprechend zu ergänzen[275]).

Zur weiteren Einpassung in vorhandene Regelungen könnte auch an eine Erweiterung des Instituts der Gemeinschaftsaufgabe ‚Regionale Wirtschaftsförderung' auf solche Bund-Länder-Komplexe in der Raumordnung gedacht werden, wie sie bereits früher bei anderer Gelegenheit vorgeschlagen wurde[276]).

Schließlich werden die vertikalen Koordinierungsaufgaben der Bundesraumordnung in Zukunft durch die angeführten Delegationen von Fachkompetenzen der Bundesressorts[277]) an die Raumordnung im Rahmen eher privatrechtlich begründeter Einflußnahmen erheblich erweitert und zum Teil auch detaillierter ausgestaltet werden. Im Zusammenhang mit dem hier vorgeschlagenen Institut einer Federführung der Bundesraumordnung könnten Einflußnahme und Effizienz der Raumordnung damit deutlich gesteigert werden.

Die *interregionalen* Koordinierungen in wesentlichen Fragen der Raumordnung zwischen zwei oder mehreren Bundesländern werden in solchen Fällen erforderlich, in denen die anstehenden Fragenkomplexe bereits unterhalb der Ebene (oder Netzweite) der Rahmensetzung durch die Bundesraumordnung liegen, und sofern die betroffenen Bundesländer sich über die strittigen Komplexe nicht ohne Vermittlung durch den Bund einigen können.

Interregionale Koordinierungen überschneiden sich häufig mit vertikalen Koordinierungen der dargelegten Art. Ihrem Wesen nach sind sie aber echte Moderationsaufgaben, bei denen die Beteiligung der Bundesinstanz grundsätzlich ohne Verfolgung von Eigeninteressen des Bundes erfolgen sollte, sondern lediglich in Form von Dienstleistungen gegenüber den betreffenden Ländern.

Es ist zu vermuten, daß – als Folge der Zunahme raumbedeutsamer Verflechtungen zwischen den Ländern – auch diese bislang weniger in Erscheinung getretene Aufgabe der Bundesramordnung eher zu- als abnehmen wird[278]).

3.2.2 Überprüfung geltender und Erarbeitung fortzuschreibender und neuer Zielvorstellungen

Die vielfältigen Abstimmungsprozesse im Aufgabenkatalog der Raumordnung werden ergänzt durch ebenso vielfältige und dazu außerordentlich komplexe und schwierig zu handhabende Untersuchungen im Rahmen der erforderlich werdenden Zielfindungs- bzw. Zielsetzungsprozesse. Denn Umfang, Qualität und Komplexität der stattgefundenen und sich weiter abzeichnenden gesellschaftlichen und wirtschaftlichen Wandlungen bedingen nun einmal – zum Teil grundsätzliche – Änderungen und Umgewichtungen in den bislang geltenden Zielen auch der Raumordnung, so daß die Überprüfung der bisherigen Zielvorstellungen und die Erarbeitung entsprechend modifizierter neuer Zielsetzungsprozesse zur Hauptaufgabe der Bundesraumordnung in den kommenden Jahren werden wird.

Gerade hier muß sich die Antinomie der drei aufgezeigten Grundströmungen in der gesellschaftlichen Entwicklung der Bundesrepublik in ihrer Projektion auf die Raumordnung in Form der drei in sich gegensätzlichen Postulate besonders deutlich aber auch besonders er-

---

[275]) S. a. die in Vorbereitung befindliche Novellierung des Atomgesetzes.
[276]) S. a. *Beirat f. Raumordnung*, Stellungnahme v. 16.6.1976, ebenda, S. 24.
[277]) S. a. Ziffer 2.3.2, S. 53 ff.
[278]) S. a. W. ERNST: „Zur staatlichen Verantwortung . . .", ebenda.

schwerend auswirken[279]). Denn wenn es Aufgabe der Raumordnung ist, gesellschaftliche Zielvorstellungen, die von den politischen Gremien konzipiert werden, in räumliche Kategorien umzusetzen, so setzt das voraus, daß diese – überwiegend sektoralpolitischen – Zielvorstellungen unter sich kompatibel bzw. zu einem in sich schlüssigen Zielsystem vereint sind oder zumindest derart konzipiert, daß eine räumliche Harmonisierung möglich erscheint.

Solange aber von Parlament und Regierung keine räumlich harmonisierbaren – und das hieße hier: unter den Prioritäten der drei Postulate koordinierbaren – Zielkonzeptionen entwickelt bzw. vorhandene aber inzwischen überholte nicht fortgeschrieben, sondern lediglich durch partielle oder wieder nur sektorale Zielvorstellungen abgelöst werden, muß es zu dauernden Konflikten eben als Folge uneinheitlicher oder unausgewogener Bewertungen der drei Postulate bereits in den einzelnen Fachbereichen kommen[280]).

Hier ist es Aufgabe der Raumordnung, Entscheidungshilfen zur Zielabstimmung in Form von vergleichenden Untersuchungen der bislang geübten und der alternativ vorgeschlagenen Oberziele und Zielsysteme für die räumliche Ordnung der Bundesrepublik zu leisten sowie zu den daraus entwickelten konzeptionellen Modellvorstellungen.

Bei der *Überprüfung der Oberziele* wird es sich wesentlich um
– den Interpretationsspielraum des ‚Rechts auf freie Entfaltung der Persönlichkeit',
– die alternativen Auslegungsmöglichkeiten des Sozialstaatsprinzips (der ‚Chancengleichheit'[281]) und
– die Interpretationsmöglichkeiten des Oberziels ‚Schaffung und Erhaltung gleichwertiger Lebensbedingungen'

handeln müssen, bei denen vor allem die bereits dargelegten[282]) Abwägungsgesichtspunkte zwischen den raumbedeutsamen Grundrechten der Freizügigkeit und der freien Berufswahl einerseits und dem Raumbezug bei der Schaffung und Erhaltung gleichwertiger Lebensbedingungen zu untersuchen wären[283]).

Im gleichen Zusammenhang – und als Übergang zu den Überprüfungen konzeptioneller Modellvorstellungen – wäre zu überprüfen, inwieweit die raumordnerische Konzeption eines ‚Ausgleichs räumlicher Disparitäten' als legitime Ableitung des Prinzips der Schaffung gleichwertiger Lebensbedingungen gelten kann, und welche anderen Ableitungen sich aus diesem Prinzip vornehmen lassen[284]).

Die Untersuchung *konzeptioneller Modellvorstellungen* sollte möglichst alle bekannt gewordenen Raumordnungskonzeptionen einbeziehen und könnte untergliedert werden nach
– Gleichgewichtsmodellen, die ein sozio-ökonomisches Gleichgewicht bei der Entwicklung der Raumstruktur anstreben,
– Ungleichgewichts- oder funktionalen Modellen, bei denen eine Entwicklung der Raumstruktur nach raumfunktionalen und insoweit ungleichgewichtigen sozio-ökonomischen Aspekten vorgeschlagen wird, und
– Reduktionsmodellen, bei denen der Erhaltung der Umwelt oder einer eher punktuellen Planung Vorrang vor einer umfassenden Raumordnung eingeräumt wird.

---

[279]) S. a. Ziffer 2.3.1, S. 48 ff.
[280]) S. a. W. ERNST: „Zur staatlichen Verantwortung . . .", ebenda.
[281]) S. a. K. H. HÜBLER u. a.: „Zur Problematik der Herstellung gleichwertiger Lebensverhältnisse . . .", ebenda.
[282]) S. a. Ziffer 2.1.2, S. 33 ff.
[283]) S. a. W. ERNST: „Das öffentliche . . . Raumplanungsrecht", Ziffer 3.2.
[284]) S. a. K. H. HÜBLER u. a.: „Zur Problematik der Herstellung . . .", ebenda.

Zu den Gleichgewichtsmodellen gehören (u. a.)
- die Konzeption des Ausgleichs räumlicher Disparitäten als Grundlage für die Schaffung und Erhaltung gleichwertiger Lebensbedingungen[285]),
- die Konzeption einer ‚arbeitnehmerorientierten Raumordnungspolitik', die auf ähnliche Ziele wie die vorige abstellt, diese aber unter Einsatz anderer Instrumente erreichen will[286]),
- die Konzeption der ‚ausgeglichenen Funktionsräume', die das Bundesgebiet in eine Anzahl gleichartiger, in sich ausgewogener Großräume unterteilt, deren sozio-ökonomische Disparitäten jeweils intern ausgeglichen werden sollen[287]).

Zu den Ungleichgewichts- oder funktionalen Modellen rechnen
- die Konzeption der großräumigen Vorranggebiete, die für alle wesentlichen Raumfunktionen Bereiche von besonderer Begabung ausweist und deren Entwicklung differenzierten Zielvorstellungen unterwirft[288]),
- die Konzeption der funktionsräumlichen Arbeitsteilung, die auf den funktionalen Unterschieden der Teilräume der Bundesrepublik aufbaut und anstrebt, daß jeder Teilraum gemäß seiner Eignung bestmöglich entwickelt werden soll[289]).

Zu den Reduktionsmodellen wären zu zählen
- die Konzeption einer inkrementalen Planung, nach der der umfassende Planungs- und Programmierungsanspruch zugunsten von ‚inkrementalen Planungsansätzen' aufgegeben wird[290]) und
- die Konzeption einer ‚ökologisch orientierten Umweltordnung' anstelle bzw. unter Aufgabe jeder querschnittartig angelegten und mitgestaltenden Raumordnung[291]).

Aus der Summe dieser vergleichenden Untersuchungen wären Anhaltspunkte für die Gewichtung raumordnungspolitischer Zielvorstellungen in Ableitung aus den allgemeinen gesellschaftspolitischen Zielen und Prioritäten herauszudestilieren. Als *Instrumente* für die dabei erforderlich werdenden Abwägungen zwischen den Wertvorstellungen und Prioritätssetzungen der drei Postulate und den entsprechenden räumlichen Umsetzungen sollten alternative Szenarios mit unterschiedlichen Parametern in bezug auf
- Verhaltensweise der Bevölkerung,
- Entwicklungstendenzen der Wirtschaft und
- Gewichtung der wesentlichen Komponenten der drei Postulate

Verwendung finden.

Die Ausarbeitung solcher alternativen Szenarios wird somit zu einer besonders wichtigen Aufgabe der Raumordnung im Innenverhältnis des Bundes. Denn im Unterschied zu der bisherigen Übung bei der Erarbeitung der ‚Zielsysteme der Raumordnung'[292]) kann dabei nicht mehr von einem allgemeinen Konsens gesellschafts- und wirtschaftspolitischer Grundvorstel-

---

[285]) S. a. Bundesraumordnungsprogramm, Teil I, 1. S. 1 ff.
[286]) S. a. ‚Für eine arbeitnehmerorientierte Raumordnungspolitik', ebenda.
[287]) S. a. D. MARX: „Zur Konzeption ausgeglichener Funktionsräume", ebenda.
[288]) S. a. K. H. HÜBLER: „Großräumige Vorranggebiete als Gegenkonzept zu ausgeglichenen Funktionsräumen", ebenda.
[289]) S. a. Jahresbericht 1977 der *Akademie für Raumforschung u. Landesplanung*, S. 50 ff.
[290]) S. a. K. H. HÜBLER: „Kritik zum strategischen Ansatz ...", ebenda.
[291]) S. a. G. HARTKOPF: „Möglichkeiten u. Grenzen einer ökologisch orientierten Umweltpolitik in den 80er Jahren", ebenda.
[292]) S. a. *Beirat f. Raumordnung*, Empfehlungen v. 28.10.71 u. 14.9.72, ebenda.

lungen und Grundwerte ausgegangen werden, sondern es müssen durchaus unterschiedliche Verhaltensweisen und Werthaltungen Berücksichtigung finden, die durch
- die Anlehnung an bislang geltende ‚konventionelle' Verhaltensweisen, Werthaltungen und daraus abgeleiteten Zielsetzungen oder
- die Übernahme zur Zeit bereits geübter oder sich abzeichnender Verhaltensweisen und Werthaltungen mit dem Schwergewicht auf ökologischen oder entwicklungsfeindlichen Motiven, oder
- die Übernahme oder partielle Berücksichtigung sich abzeichnender technologisch oder ökonomisch-funktional motivierter Tendenzen als Grundlage entsprechender entwicklungsbetonender Werthaltungen und Zielvorstellungen

gekennzeichnet werden[293]).

Methodisch können die Szenarios der ersten – konventionellen – Gruppe als in sich differenzierte Trend-Szenarios entwickelt werden, während die Szenarios der beiden anderen Annahme-Gruppen als Kontrast-Szenarios – ebenfalls mit differenzierten Parametern – aber mit alternativen Szenario-Komponenten und Verknüpfungen aufzubauen sind. Ihrer ungewöhnlichen Komplexität wegen werden sich diese alternativen Szenarios jeweils aus einer Mehrzahl von Einzel- und Teilszenarios zusammensetzen müssen. Dabei sind die physischen und ein gewichtiger Teil der historischen Rahmenbedingungen der Bundesrepublik als Invariable in so gut wie alle Szenarios einzuführen[294]).

Die zeitlichen Parameter aller Szenarios sind langfristig auszulegen, weil auch Raumordnung als Aufgabe des Verwaltungshandelns langfristig angelegt ist, und das heißt zugleich langfristiger als alle bekannten Umorientierungs- und Umstrukturierungsprozesse, deren Zeithorizonte bestenfalls als mittelfristig anzusetzen sind. Die Aufrechterhaltung dieser langfristigen Zeithorizonte bei gleichzeitiger Einhaltung der vorgegebenen räumlichen Rahmenbedingungen macht wiederum langfristige Optionen für räumliche Dispositionen über entsprechend lange Zeiträume mit ‚offenen Enden' möglich und verdeutlicht so die Vorhalte-Funktion der Raumordnung als Instrument zur Offenhaltung sowohl räumlicher als auch zeitlicher Dispositionsrahmen.

Damit kann aber dieser Teil des Verwaltungshandelns der Raumordnung über die Überprüfung bislang geltender Ziele und die Vorbereitungen für neue Zielfindungen hinaus, zugleich auch der langfristigen Sicherung der politischen Entscheidungsspielräume durch das Offenhalten des Raumes für spätere Optionen dienen.

Alle zuletzt behandelten Untersuchungen dienen der *Erarbeitung aktualisierter Zielsysteme* für die Raumordnung in der Bundesrepublik bzw. genauer der Erstellung von Vorschlägen für solche modifizierten Politik-Ansätze.

In der Vergangenheit sind die Vorschläge dazu eher von dem Beirat für Raumordnung als von der Bundesraumordnung selbst eingebracht worden. Auch unter den inzwischen veränderten Rahmenbedingungen der Raumordnung und den damit verbundenen Umverteilungen der Aufgaben und Prioritäten wird die Überprüfung und Fortschreibung der Zielsysteme weiter zu den wichtigsten Kooperationsaufgaben des Beirates und der Raumordnungsinstanz (also dem zuständigen Bundesressort) gehören[295]).

---

[293]) S. a. SÄTTLER, ISENBERG, WEYL: „Strukturelle Veränderungen...", S. 17 f.
[294]) S. a. SÄTTLER u. a.: „Strukturelle Veränderungen...", ebenda. S. 53 ff.
[295]) S. a. *Beirat f. Raumordnung*, Empfehlungen v. 28.10.1971 und vom 14.9.1972, ebenda, S. 8 ff. und S. 27 ff.

Das Auseinanderbrechen des bis Anfang der siebziger Jahre mehr oder weniger vorhandenen gesellschaftspolitischen Konsenses über die weitere Entwicklung unserer Gesellschaft, ihre Ausrichtung und ihre Prioritäten in die Extrem-Positionen einmal des ökologischen und zum anderen des ökonomisch-funktionalen Postulats, hat aber den damals erarbeiteten Zielansätzen viel von ihren Grundlagen entzogen. Die Konzipierung aktualisierter Zielsysteme wird daher in mancher Hinsicht zum gesellschaftspolitischen und auch methodischen Neubeginn mit den damit verbundenen weltanschaulichen und eben auch methodisch-systematischen Komplikationen[296]).

Unter diesen veränderten Bedingungen wird schon der Umfang der benötigten Vorarbeiten erheblich zunehmen. Aber auch deren Qualitäten und allgemeine Ausrichtungen, die sich bislang auf Datenerfassungen und raumplanerische Vorschläge beschränken konnten, werden sich durch die erforderlichen Analysen möglicher alternativer Verhaltensweisen der Bevölkerung und der dazu gehörenden Prioritätskombinationen (im Rahmen der beschriebenen Szenarios) erheblich verändern müssen.

Daher sollte die Aufgabenteilung zwischen Beirat und Bundesraumordnung (also dem zuständigen Bundesressort) dergestalt vorgenommen werden, daß sowohl die Datenerarbeitung als auch deren differenzierte Aufbereitung in Form der Szenarios zur Aufgabe der Bundesraumordnung gemacht wird, während dem Beirat die Bewertung und die Vorbereitung entsprechender politischer Aussagen vorbehalten bliebe[297]).

3.2.3 Festlegung von Eckwerten und Normen für das Bundesgebiet

Die Festlegung von Eckwerten und Normen für die Entwicklung des Bundesgebietes gehört zu den eher konventionellen Aufgaben der Bundesraumordnung und bildete auch bislang einen kaum bestrittenen Aufgabenkernbereich, der im wesentlichen die statistisch abgestützte oder abstützbare Rahmensetzung durch den Bund umfaßte.

In der zukünftigen Aufgabenabgrenzung und -definition sollte diese, überwiegend quantifizierte Rahmen setzende Funktion der Raumordnung – stärker als dies bislang der Fall sein konnte – als dimensionierende und konditionierende Ausfüllung der neu erarbeiteten Zielsysteme verstanden werden bzw. der darin enthaltenen Entwicklungsrahmen, -tendenzen und -prioritäten.

Wiederum in Modifizierung der bisherigen Übung, die sich vorwiegend auf generelle Aussagen für die Entwicklung des Bundesgebietes in seiner Gesamtheit beschränkte und differenzierende Aussagen über Eckwerte und Normen lediglich für die zu fördernden Kategorien nach dem ROG zuließ, sollten so gut wie alle Aussagen zu Eckwerten und Normensetzungen grundsätzlich auch nach Raumtypen, Funktionsräumen und gegebenenfalls auch nach Regionen mit besonderen – auf Bundesebene relevanten – Problemen differenziert werden[298]).

Die Notwendigkeit hierzu ergibt sich aus dem Nebeneinander der Wertsysteme der drei Postulate, zu deren differenzierender Berücksichtigung auch eine raumspezifisch feiner differenzierte Eckwert- und Normenaufschlüsselung gehören muß[299]).

---

[296]) S. a. Ziffer 2.3, S. 48 ff.
[297]) S. a. *Beirat f. Raumordnung*, Stellungnahme v. 3.7.1974, ebenda, S. 169 f.
[298]) S. a. *Beirat f. Raumordnung*, Stellungnahme v. 3.7.1974, ebenda, S. 169.
[299]) S. a. *Beirat f. Raumordnung*, Empfehlungen v. 16.6.1976, S. 14 ff, S. 25.

Entsprechend sollten *Eckwerte* zwar nach wie vor den demographischen und ökonomischen Gesamtrahmen für die räumliche Entwicklung der Bundesrepublik umschreiben, zusätzlich aber auch nach regionalisierten und typisierten Entwicklungsrahmen differenzieren, damit der Abgleichung mit ökologischen und ökonomisch-funktionalen Forderungen und Wertvorstellungen von vornherein besser Rechnung getragen werden kann[300]).

Denn gerade unter dem Anspruchsdruck der drei Grundpostulate erweist sich, wie unzureichend – in vielen Fällen selbst falsch – pauschale oder gemittelte Querschnittaussagen für eine quantifizierende Rahmensetzung der räumlichen Entwicklungsbedingungen in der Bundesrepublik sein können. Vielmehr werden dazu auch besondere Eckwerte für die Entwicklung industriell belasteter oder ökologisch gefährdeter Räume benötigt und spezifische Eckwerte sowohl für die Entwicklungsbedingungen einzelner Raumtypen und Funktionsräume als auch für die Entwicklung besonders profilierter oder im Rahmen der Gesamtentwicklung der Bundesrepublik besonders bedeutsamer Einzelregionen[301]).

Zu denken ist dabei ebenso an limitierende wie auch an stimulierende Eckwert-Aussagen bzw. Rahmensetzungen bis hin zu präzisen Limitierungen in bezug auf die Entwicklung einzelner Wirtschaftssparten in entsprechend überlasteten Verdichtungsräumen (z. B. im Rhein-Main-Gebiet) oder in Räumen mit gefährdeten, in ökologischer Sicht nicht oder nur schwer ersetzbaren Naturpotentialen (z. B. Bodensee oder Oberrhein)[302]).

Die detaillierte Eckwert-Festsetzung durch die Bundesraumordnung ist auch erforderlich, um zu verhindern, daß länderinterne Festlegungen zu Spannungen oder Überlappungen im Grenzbereich zwischen den Ländern führen (etwa im Rhein-Main-Raum oder Rhein-Neckar-Raum), und um vorhandenen Disparitäten entgegenwirken sowie der Entstehung weiterer Ungleichgewichte vorbeugen zu können.

Im Gegensatz zu der Festlegung von Eckwerten, bei denen es auf die Berücksichtigung von Wirkungsfaktoren aller drei Grundpostulate ankommen muß, sind *Sozialindikatoren* ihrer Natur nach – wenigstens bislang – Normierungen im Rahmen des sozialstaatlichen und bedingt auch des ökologischen Postulats, da sie der Sicherstellung von Mindeststandards in bezug auf die Qualität des Lebens und die Versorgung aller Schichten der Bevölkerung in allen Teilräumen der Bundesrepublik dienen sollen[303]).

Bei der Neufestlegung oder Fortschreibung von Sozialindikatoren durch die Bundesraumordnung sollte aber vorab mehr als bisher beachtet werden, daß
– die Bedürfnisse und Prioritäten der einzelnen sozialen Gruppen und Altersklassen nicht einheitlich sind, sondern u. U. stark differieren (z. B. bereits in der Grundausstattung für junge und alte Menschen!)[304]),
– Mindeststandards in einer Reihe von Bereichen und Sektoren je nach Raumtypen oder auch speziellen Regionen differieren können, weil Standards, die etwa in Verdichtungsräumen sinnvoll sind (z. B. Reinheit der Luft, Grünflächenindex), in landwirtschaftlichen Räumen ohne Bedeutung sind und umgekehrt,
– das Instrument der Sozialindikatoren seinen Sinn verliert, wenn in die Indizierung auch

---

[300]) S. a. H. J. v. d. HEIDE: „Raumordnung 1977 in rechtlicher Sicht", ebenda. .
[301]) S. a. *Beirat f. Raumordnung*, Empfehlungen v. 16.6.1976, ebenda, S. 241.
[302]) S. a. *Beirat f. Raumordnung*, Empfehlung v. 14.9.1972, ebenda, Ziff. 2.22.
[303]) S. a. *Beirat f. Raumordnung*, Empfehlung v. 16.6.1976 ‚Gesellschaftl. Indikatoren', ebenda, S. 29 ff.
[304]) S. a. R. THOSS, H. WEYL, H. J. EWERS, B. DIETRICHS: „Gesellschaftliche Indikatoren als Orientierungshilfe für die Regionalpolitik", S. 21 ff.

Bereiche hineingezogen werden, die wenig oder nur marginal mit Mindestanforderungen an die Lebensqualität und an die Grundversorgung zu tun haben[305]).

Die Raumordnung sollte daher davon Abstand nehmen, allgemein gültige gesellschaftliche Indikatoren für alle Arten von Räumen und sozialen Gruppen in Form von einheitlichen Standards aufzustellen. Auch die Anzahl der durch Indikatoren erfaßten Bereiche sollte auf das unbedingt erforderliche Ausmaß verringert, dagegen jeder erfaßte Teilbereich nach

– raumspezifischen und
– gruppenspezifischen Sozialindikatoren bzw. Indikator-Werten

differenziert werden[306]).

Das hieße, daß für unterschiedlich strukturierte Raumtypen und Funktionsräume auch unterschiedliche, weil funktions- bzw. raumspezifische Indikatorwerte festzulegen wären, wie es im übrigen auch bei der Novellierung hier hineinspielender Bundesgesetze der Fall zu sein scheint[307]).

Weiter sollten auch schichten- und gruppenspezifische Indikatoren wenigstens für solche Bereiche ermittelt werden, in denen mit relevanten Unterschieden in Bedürfnissen und Anspruchshaltungen zwischen den einzelnen Gruppen zu rechnen ist (wie etwa in bezug auf spezifische Ansprüche an Umweltqualität und Versorgung)[308]). Auch die inzwischen feststellbare Tabuisierung um die Substituierbarkeit von einzelnen Indikatoren oder Indikatorgruppen durch andere Kombinationen von Indikatoren sollte in diesen Zusammenhängen aufgebrochen und im Sinne eines besseren Interessenausgleichs zwischen den drei Grundpostulaten neu behandelt werden[309]).

Denn schließlich muß sich der Wandel in den gesellschaftlichen und wirtschaftlichen Zielsetzungen und Anspruchshaltungen auch auf das Konzeptionsgerüst der gesellschaftlichen Indikatoren auswirken, das bislang fast ausschließlich unter eher pauschal gefaßten und einer gewissen Perfektionierung zuneigenden Bewertungsmaßstäben des sozialstaatlichen Postulats ‚alter Prägung' entwickelt worden ist, und das heißt unter Beschränkung auf die Verwirklichung von Chancengleichheit durch die Schaffung gleichwertiger Lebensverhältnisse gleichsam an Ort und Stelle und unter Außerachtlassung oder doch Minderbewertung davon abweichender Anspruchshaltungen und Möglichkeiten der Selbstverwirklichung, wie etwa der Chancen einer horizontalen Mobilität[310]).

3.2.4 Festlegung von Raum- und Standortprogrammen

Im Gefolge der dargelegten Rollenveränderungen der Raumordnung des Bundes wird die Festlegung von stärker differenzierten Raum- und auch Standortprogrammen auf Bundesebene einen breiteren Raum aber auch einen höheren Stellenwert im Aufgabenkatalog der Bundesraumordnung einnehmen, als das bislang der Fall war[310a]).

---

[305]) S. a. *Beirat f. Raumordnung*, Empfehlung v. 16.6.1967 „Gesellschaftliche Indikatoren für die Raumordnung", ebenda, S. 29 ff., S. 39 f.
[306]) S. a. THOSS, WEYL, EWERS, DIETRICHS: „Gesellschaftl. Indikatoren", S. 22.
[307]) S. a. Novellierung des Immissionsschutzgesetzes.
[308]) S. a. THOSS, WEYL u. a.: „Gesellschaftl. Indikatoren...", S. 22 ff.
[309]) S. a. ebenda, S. 21 ff.
[310]) S. a. Ziffer 2.1.2, S. 33 ff.
[310a]) S. a. W. ERNST: „Zur staatlichen Verantwortung...", ebenda, Ziff. 1.4.

Dazu rechnet in erster Linie die Festlegung national bedeutsamer *Funktionsräume*[311]) als einer der Grundlagen des räumlichen Entwicklungsrahmens der Bundesrepublik. National bedeutsame und daher auf Bundesebene festzulegende Funktionsräume sind bereits im Raumordnungsbericht 1974[312]), im Bundesraumordnungsprogramm[313]) und in den Empfehlungen des Beirates für Raumordnung[314]), wenn auch zum Teil unter abweichenden Bezeichnungen, aufgeführt worden.

In der Definition des Arbeitskreises ‚Funktionsräumliche Arbeitsteilung im Bundesgebiet' der Akademie für Raumforschung und Landesplanung wird

„als ‚Funktionsraum' ein Raum bezeichnet, der – auf einer bestimmten Maßstabsebene – besondere Funktionen, sei es seit jeher, sei es im Rahmen einer festgelegten Raumordnungspolitik erfüllt oder erfüllen soll; diese Funktionszuweisung (Widmung) ist so zu verstehen, daß andere Funktionen in dem betreffenden Raum nicht ausgeschlossen sind, soweit dadurch die vorrangigen Funktionen nicht beeinträchtigt werden"[315]).

Entsprechend müssen als ‚Funktionsräume von nationaler Bedeutung' solche Räume klassifiziert werden, die auf Bundesebene besondere Funktionen erfüllen oder erfüllen sollen. Dazu gehören in der Definition des Bundesraumordnungsprogramms:[316])

- Gebiete mit Vorrang für die land- und forstwirtschaftliche Produktion (von bundesweiter Bedeutung),
- Gebiete für Freizeit und Erholung (von bundesweiter Bedeutung),
- Gebiete mit Wasservorkommen, die zur langfristigen Sicherstellung der Wasserversorgung (für das Bundesgebiet) benötigt werden,
- Gebiete mit besonderen ökologischen Ausgleichsfunktionen (von bundesweiter Bedeutung),
- Gebiete, die für die Gewinnung von Rohstoffen und Mineralvorkommen von besonderer (bundesweiter) Bedeutung sind.

In der – erweiterten – Definition des Beirates für Raumordnung[317]) werden als ‚Funktionsräume'
- „solche Räume bezeichnet, in denen aus der Vielzahl räumlich relevanter Funktionen eine oder einige wenige charakteristisch sind oder werden sollen (z. B. Dienstleistungen, Schwerindustrie, Landwirtschaft, Forstwirtschaft, Erholung, Wassergewinnung)".

In der gleichen Empfehlung sagt der Beirat:
- „Ausgehend von der derzeitigen Struktur . . . wären die über die Einhaltung von Mindeststandards hinausgehenden raumordnungspolitischen Zielvorstellungen . . . je nach den Funktionen der einzelnen Teilräume zu entwickeln . . . Voraussetzung dafür ist, daß Bund und Länder unverzüglich Konzepte für die vorgeschlagene Aufteilung des Bundesgebietes in Raumtypen und Funktionsräume entwickeln, um daraus raumordnungspolitische Folgerungen . . . ziehen zu können[318])."

---

[311]) S. a. *Beirat f. Raumordnung*, Empfehlungen v. 16.6.1976, ebenda, S. 15.
[312]) S. a. Raumordnungsbericht 1974, ebenda, C. 2.5, S. 30 f.
[313]) S. a. Bundesraumordnungsprogramm, Ziffer 2.3, S. 4 f.
[314]) S. a. *Beirat f. Raumordnung*, Empfehlungen v. 16.6.1976, S. 15 ff.
[315]) S. a. U. BRÖSSE, H. WEYL: „Kennzeichnung der wesentlichen Bezugsgegenstände einer funktionsräumlichen Arbeitsteilung". In: ‚Funktionsräumliche Arbeitsteilung im Bundesgebiet', noch nicht publiziert.
[316]) S. a. Bundesraumordnungsprogramm, Ziffer 2.3, S. 4 f.
[317]) S. a. *Beirat f. Raumordnung*, Empfehlungen v. 16.6.1976, Ziff. 2.1, S. 15.
[318]) S. a. ebenda, Ziffer 3.3, S. 24.

Diese seinerzeit vorgebrachten Forderungen des Beirates haben an Aktualität durch die inzwischen sichtbar gewordenen Umstrukturierungen im Zuge der 3. (elektronischen) wirtschaftlichen Revolution eher noch gewonnen. Denn die sozio-ökonomische und damit auch die räumliche Entwicklung in der Bundesrepublik hat sich – unbeeindruckt von egalisierenden Zielansätzen der bisherigen Raumordnungspolitik – weiter und verstärkt in Richtung auf eine immer deutlicher hervortretende Funktionsteiligkeit vollzogen, so daß auch die Notwendigkeit für eine konzeptionelle Festlegung von Funktionsräumen von bundesweiter Bedeutung sich weiter verstärkt hat.

Entsprechend liegt hier eine – zusätzliche – Aufgabe mit hohem Stellenwert für die Raumordnung des Bundes[319]).

Aus ähnlichen Gründen wächst der Raumordnung auch die Aufgabe zu, *Leitfunktionen* von bundesweiter Bedeutung einmal für – ausgewählte – Verdichtungsräume und zum anderen für Räume mit besonders ausgeprägten ‚Begabungen' von bundesweiter Bedeutung festzulegen[320]).

Der Begriff ‚Leitfunktion' wird – ebenfalls durch den Arbeitskreis ‚Funktionsräumliche Arbeitsteilung im Bundesgebiet' – wie folgt definiert:

– „als ‚Leitfunktion' eines Raumes soll eine Funktion bzw. eine Funktionsgruppe bezeichnet werden, die von besonders großer Bedeutung in bezug auf die Beschäftigtenzahl und das erwirtschaftete Sozialprodukt des betreffenden Raumes ist, und die als Folge einer solchen – quantitativ oder qualitativ zu begründenden – Bedeutung auch andere Sektoren und Bereiche mitbeeinflußt; eine Leitfunktion gewinnt damit übersektorale (im Extremfall globale) Bedeutung und kann insoweit als repräsentative Funktion (Stellvertreterfunktion) für ihren gesamten Raum eingestuft werden"[321]).

Leitfunktionen in der hier gegebenen Definition sind mithin als Abstrahierungen räumlich-funktionaler Vorränge bzw. hierarchischer Einstufungen zu verstehen, mit der Maßgabe, daß jeder Vorrangraum über eine (oder auch mehrere) ‚Leitfunktion(en)' verfügt, durch deren Dominanz oder ökonomische Bedeutung der ‚Vorrang' des betreffenden Raumes begründet bzw. seine spezielle, unter Umständen übergeordnete Funktion für die Gesamtheit der Bundesrepublik verdeutlicht wird.

Solche Leitfunktionen haben sich besonders in den Verdichtungsräumen herausgebildet, und zwar durch Konzentration einzelner übergeordneter Funktionen (z. B. der Finanzwirtschaft, dem Versicherungswesen, den Hauptverwaltungen großer Unternehmen, der Großchemie, der Montanindustrie, der Kfz.- und der Elektroindustrien aber auch der Kultur) in einigen wenigen Verdichtungsräumen bzw. deren Zentren, die dafür die besten Standortvoraussetzungen aufweisen, so daß die räumliche Situierung einer Leitfunktion zugleich Ausdruck der höchsten Standortgunst für diese betreffende Funktion ist[322]).

Das besagt zugleich, daß die hierarchische Einstufung der einzelnen Verdichtungsräume, also deren interne Rangordnung, weniger von ihrer Größe (Umfang, Einwohnerzahl, Anzahl der Arbeitsplätze) bestimmt wird, als davon, ob sie bzw. ihre Zentren Sitz oder Standort besonders wichtiger Leitfunktionen mit Auswirkungen überregionaler Art auf größere Teile oder auf die Gesamtheit der Bundesrepublik sind oder nicht[323]).

---

[319]) S. a. ebenda, Ziffer 3.3, S. 25.
[320]) S. a. *Beirat f. Raumordnung*, Empfehlungen v. 16.6.1976, Ziff. 2.2, S. 17.
[321]) S. a. ‚Funktionsräuml. Arbeitsteilung im Bundesgebiet', ebenda, Z. 2.11.
[322]) S. a. *Beirat f. Raumordnung*, Empfehlungen v. 16.6.1976, Ziff. 2.2, S. 17.
[323]) S. a. KUMMERER, WEYL: „Strukturräuml. Ordnungsvorstellung", S. 196 f.

Zum Beispiel wird der Raum Frankfurt (Rhein-Main) durch die übergeordneten Leitfunktionen
- Finanzwirtschaft/Banken,
- Großchemie und
- Verkehrsknoten europäischer Bedeutung

geprägt, deren Entwicklungsimpulse und Entwicklungspotentiale – etwa in Form von Verstärkungen oder Schwächungen der Funktion des übernationalen Finanzzentrums, von Verstärkungen oder Minderungen des chemischen Innovationspotentials oder von Reduzierungen der überragenden Verkehrsgunst – ausschlaggebend für die weitere Entwicklung aber auch für die relative und absolute Bedeutung des Raumes Frankfurt auf nationaler und europäischer Ebene sein werden[324]).

Entsprechend muß es zu den künftigen Aufgaben der Bundesraumordnung gehören, Leitfunktionen von bundesweiter Bedeutung dort festzulegen, wo dies im Sinne einer funktionsräumlichen Entwicklung des Bundesgebietes erforderlich wird, und damit Vorsorge zu treffen, daß in den entsprechenden Räumen oder Standorten zielgerechte Entwicklungen gefördert und damit kollidierende Tendenzen verhindert werden können[325]).

Schließlich gehört in diesen Aufgabenbereich auch die räumliche Festlegung von *Standortprogrammen* für national oder überregional bedeutsame Großvorhaben oder Einrichtungen. Dabei geht es um jene Art von Vorhaben und Einrichtungen, die schon früher als Vorhaben von besonderer ‚Sperrigkeit' beschrieben worden sind[326]), also um nukleare Großanlagen oder um Großanlagen der nichtnuklearen Energieerzeugung und der chemischen Industrien von hoher, und das heißt hier stets überregionaler, nationaler oder selbst übernationaler ‚Sperrigkeit'[327]).

Die Festlegung von entsprechenden Standortprogrammen ‚ex ante' durch die Raumordnung des Bundes wird dabei zu einer entscheidenden Abgleichungsmaßnahme im Rahmen der erforderlichen Globalharmonisierung zwischen den kontroversen Ansprüchen der drei Grundpostulate, von deren Gelingen es abhängen wird, ob und inwieweit die künftigen Aufgaben der Raumordnung des Bundes noch glaubhaft dargestellt werden können. Voraussetzung dazu wäre allerdings die Novellierung bzw. Ergänzung der noch geltenden einschlägigen Fachgesetze (Atomgesetz, Gewerbeordnung, u. a.), die bereits an anderer Stelle angeregt worden ist[328]).

3.2.5 Fortschreibung der Raumordnungsberichte und des Bundesraumordnungsprogramm

Unter den beiden im Raumordnungsgesetz festgelegten Pflichtaufgaben der Bundesraumordnung[329]) – der Erstattung von Raumordnungsberichten und der zusammenfassenden Darstellung der raumbedeutsamen Planungen und Maßnahmen – haben sich die *Raumordnungsberichte* der Bundesregierung bis 1974 einen hervorragenden Platz in der vergleichenden Darstellung und Interpretation aller raumordnungsbedeutsamen Komplexe und Probleme der Bundesrepublik gesichert[330]).

---

[324]) S. a. SÄTTLER u. a.: „Strukturelle Veränderungen...", Ziff. 5.3, S. 62 f.
[325]) S. a. *Beirat f. Raumordnung*, Empfehlungen v. 16.6.1976, 3.3, S. 24 f.
[326]) S. a. Ziffer 3.2.1, S. 64 ff.
[327]) S. a. W. ERNST: „Zur staatl. Verantwortung...", s. a. v. d. HEIDE: „Raumordnung 1977...".
[328]) S. a. Ziffer 3.2.1, S. 66.
[329]) S. a. ROG §§ 11 und 4 (1), Satz 2.
[330]) S. a. Raumordnungsberichte der Bundesregierung von 1968, 1970, 1972 und 1974 ebenda.

Seit der letzten Novellierung des ROG von 1976, in der der zeitliche Abstand zwischen den zu erstellenden Raumordnungsberichten auf vier Jahre – und das heißt auf nur einen Bericht in jeder Legislaturperiode – verlängert worden ist, hat der Raumordnungsbericht der Bundesregierung an politischem Gewicht verloren (weil raumordnungsrelevante Veränderungen nicht mehr innerhalb einer Legislaturperiode zur Erörterung stehen, sondern nur noch zwischen den einzelnen Legislaturperioden) aber ebenso an Aussagekraft. Zumindest enthält der Raumordnungsbericht 1978 kaum mehr als Zusammenstellungen von Aktivitäten anderer Ressorts und von Absichtserklärungen zu geplanten Koordinierungsmaßnahmen und zu einer Minimalform bei der Fortschreibung des Bundesraumordnungsprogramms[331]).

In dieser reduzierten Form kann ein Raumordnungsbericht den Absichten, die der Gesetzgeber mit der Einführung eines solchen periodischen Informations- und fachlichen Abstimmungsinstrumentes verfolgt hat, nicht mehr ausreichend gerecht werden. Vielmehr sollte es in Zukunft wieder zur Pflichtaufgabe der Raumordnung des Bundes werden, die Raumordnungsberichte inhaltlich mit den fachlichen Erkenntnissen aus den raumbedeutsamen Entwicklungen der Berichtszeiträume anzureichern und auch vor fachlichen Folgerungen aus solchen Erkenntnissen nicht zurückzuscheuen, da nur so die Adressaten – darunter auch die Abgeordneten des Bundestages – vermehrt für die Probleme der Raumordnung motiviert werden können[332]).

Bei der Fortschreibung des *Bundesraumordnungsprogramms* wird sich die Bundesraumordnung vor das Dilemma gestellt sehen, ob bzw. inwieweit die für das erste BROP von 1974 gewählte Grundlage einer kooperativen Autorenschaft zwischen Bund und Ländern beibehalten oder durch die zusammenfassende Darstellung der langfristigen und großräumigen raumbedeutsamen Planungen und Maßnahmen des Bundes gemäß § 4 (1), Satz 2 ROG abgelöst werden sollte[333]).

Das Bundesraumordnungsprogramm von 1975 nennt sich im Obertitel ‚Raumordnungsprogramm für die großräumige Entwicklung des Bundesgebiets'[334]), eine Bezeichnung, die darauf hinzuweisen scheint, daß es sich hier um „keinen Akt der Rechtssetzung, sondern ... um eine Vereinbarung zwischen der Bundesregierung und Landesregierungen"[335]) handelt. In der Tat ist das ‚Bundesraumordnungsprogramm' von 1975 im eigentlichen Sinne des Wortes kein Raumordnungsprogramm des Bundes, sondern eher ein auf die Bundesebene gehobenes und mit dem Bund abgestimmtes kooperatives Raumordnungsprogramm der Länder, in dem die raumbeanspruchenden Fachplanungen der Bundesressorts – wie vor allem die Verkehrswegeplanung – nicht (auch nicht informatorisch!) enthalten sind. Entsprechend gering sind die Bindungswirkungen horizontaler aber auch vertikaler Art, die sich im wesentlichen auf den Charakter von Orientierungshilfen beschränken müssen[336]).

Immerhin könnte auch diese Form eines kooperativen Raumordnungsprogramms von Bund und Ländern fortgeschrieben werden, sofern die Zielansätze und Prioritäten noch zutreffend wären, und soweit es sich nur darum handeln würde, etwaige Detailfragen – wie z. B. Maßstabsfehler bei der Abgrenzung von Bezugsräumen – zu korrigieren und überholte Eckdaten

---

[331]) S. a. Raumordnungsbericht 1978 der Bundesregierung, ebenda.
[332]) S. a. K. H. HÜBLER: „Kritik zum strategischen Ansatz ...", ebenda.
[333]) S. a. W. ERNST: „Das öffentl. ... Raumplanungsrecht", S. 44; s. a. v. d. HEIDE: „Raumordnung 1977 ..."; s. a. HÜBLER: „Kritik zum strateg. Ansatz ...".
[334]) „Raumordnungsprogramm für die großräumige Entwicklung des Bundesgebietes (Bundesraumordnungsprogramm)", von der Ministerkonferenz für Raumordnung am 14.2.1975 beschlossen.
[335]) S. a. W. ERNST: „Das öffentliche ... Raumplanungsrecht", 4.8, S. 44.
[336]) S. a. ebenda.

fortzuschreiben. Das ist aber – ganz im Gegensatz zu der im Raumordnungsbericht 1978 geäußerten Auffassung[337]) – keineswegs der Fall.

Vielmehr wurde gerade in dieser Untersuchung darzulegen versucht, daß und warum vor allem die sogenannten Oberziele des ersten Bundesraumordnungsprogramms anfechtbar, unvollständig und dazu nur bedingt realistisch sind. Auch bei einer Beibehaltung der kooperativen Form für das Bundesraumordnungsprogramm müßte dessen Fortschreibung sich daher auf modifiziert-ergänzte Zielsysteme abstützen können, deren Komponenten die Abstimmungsergebnisse zwischen den Ansprüchen und Prioritäten der wesentlichen gesellschaftspolitischen Grundströmungen – dargestellt in den drei Postulaten – wiedergeben sollten[338]).

Aber selbst gesetzt den Fall, daß in zumutbarer Zeit Einvernehmen sowohl zwischen den gesellschaftlichen Gruppen als auch zwischen Bund und Ländern über die Modalitäten eines solchen Zielsystems zu erreichen wäre, könnte die Bindungswirkung eines derart fortgeschriebenen BROP aus bundesstaatlichen Gründen kaum anders bzw. größer sein, als die des bestehenden Bundesraumordnungsprogramms. Damit stellt sich aber die Frage, ob der erhebliche, sicherlich auch langwierige politische und administrative Koordinierungsaufwand für die Erarbeitung der modifizierten und neu zu koordinierenden Zielsysteme noch zu rechtfertigen ist, wenn der damit erzielbare (raumordnungs-)politische und administrative Nutzeffekt ähnlich gering bleibt, wie unter den derzeitigen Bedingungen[339]).

Unter diesen wenig günstigen Rahmenbedingungen könnte sich erweisen, daß die – im Ansatz auf den Bund und seine Kompetenzen beschränkte – Alternative einer ‚zusammenfassenden Darstellung der langfristigen und großräumigen raumbedeutsamen Planungen und Maßnahmen des Bundes'[340]), also eines nur auf Bundeskompetenzen bezogenen Raumordnungsprogramms, zwar ebenfalls nicht leicht zu erstellen aber besser und mit höherer Effizienz zu handhaben wäre als das kooperative Bund-Länder-Modell[341]).

Nun mag eine Zusammenstellung aller raumbedeutsamen Fachplanungen des Bundes als solche noch kein koordiniertes, geschweige denn zielgerichtetes Bundesraumordnungsprogramm ergeben, wie denn das Gelingen dieses alternativen Modells überhaupt eine höhere Bereitschaft der einzelnen Bundesressorts zu einer eher kooperativen Form der horizontalen Abstimmung im Gesamtinteresse des Bundes voraussetzt.

Entscheidend für die Wahl dieser Alternative ist aber auch der Zeitpunkt, der in der derzeitigen Situation besonders günstig gewählt erschiene. Denn gerade die für die Raumordnung wichtigsten Fachplanungen – die Verkehrswegeplanung und die Energieplanung – müssen als Reaktion auf Energiekrisen und Verweigerungssyndrome in nächster Zeit weitgehend überdacht, wenn nicht neu konzipiert und dabei den ökologischen wie auch den ökonomisch-funktionalen Postulaten angepaßt werden[342]).

Damit ergäbe sich – vielleicht erstmals seit der Institutionalisierung der Raumordnung – eine reale Chance für die raumordnungsgerechte Koordinierung dieser wichtigen Fachplanungen des Bundes und damit zugleich die Chance für die Realisierng eines Bundesraumordnungsprogramms im ursprünglichen Sinne des Wortes. Die Verwirklichungsmöglichkeiten dieser

---

[337]) S. a. Raumordnungsbericht 1978, IV., S. 43.
[338]) S. a. v. d. HEIDE: „Raumordnung 1977 in rechtlicher Sicht", Ziff. 13.
[339]) S. a. W. ERNST: „Das öffentliche . . . Raumplanungsrecht", 4.8, S. 44.
[340]) § 4, (1), Satz 2 ROG.
[341]) S. a. v. d. HEIDE: „Raumordnung 1977 . . .", s. a. HÜBLER: „Kritik . . .".
[342]) S. a. G. HARTKOPF: „Möglichkeiten u. Grenzen . . .", ebenda, S. 16 ff.

Chance werden allerdings in hohem Maße davon abhängen, bei welcher Bundesinstanz die Raumordnung in Zukunft ressortieren wird. Der Natur der Sache nach böte sich dafür das Bundeskanzleramt an, als diejenige Instanz, die sowieso für die allgemeine Ressortkoordinierung zuständig ist[343]).

Anzumerken wäre noch, daß erst mit der Realisierung dieser ‚Alternative' der im ROG enthaltene Gesetzesauftrag des § 4 (1), Satz 2 erfüllt werden könnte.

Eine weitere – in mancher Hinsicht vielleicht allzu perfekte – Alternative für ein Bundesraumordnungsprogramm wäre als eine Art Kombination zwischen den Alternativen 2 (Bundesmodell) und 1 (Kooperationsmodell) denkbar. Dieses dritte Modell könnte sich aus zwei unterschiedlichen Teilen mit andersartigen rechtlichen bzw. organisatorischen Grundlagen zusammensetzen:

– Teil A
als Raumordnungsprogramm des Bundes mit den wesentlichen Inhalten der Alternative 2 (Bundesmodell), und
– Teil B
als kooperative Ergänzung mit wesentlichen Inhalten der Alternative 1 (Kooperationsmodell).

Entsprechend wäre Teil A nach Abstimmung zwischen den Bundesressorts von der Bundesregierung zu beschließen, während Teil B nach Abstimmung zwischen den Ländern und zwischen Bund und Ländern etwa von der Ministerkonferenz für Raumordnung zu beschließen (oder zu verabschieden) und von der Bundesregierung zu bestätigen wäre.

Beiden Teilen müßten die gleichen Zielsysteme und Prioritäten zugrunde liegen, deren Erarbeitung auch hier der Konzipierung der einzelnen Programme voranzugehen hätte.

Zur Vermeidung der in ähnlichen Fällen häufig zu beobachtenden Fortschreibungsschwierigkeiten sollte bei allen Modellen ein fester Zeitraum von 2 bis 4 Jahren für eine Fortschreibungs- bzw. Überprüfungsautomatik vorgesehen werden[344]).

3.2.6 Koordinierung und Förderung der nationalen Grundlagenforschung in der Raumordnung auf der Ebene des Bundes

Nach wie vor wird es schließlich zu den Aufgaben der Bundesraumordnung gehören, nationale Grundlagenforschung in der Raumordnung teils selbst zu betreiben, teils entsprechende Forschungen Dritter zu initiieren und zu fördern und dafür Forschungsprioritäten festzulegen.

Dabei kann die sogenannte ‚Ressortforschung für die Raumordnungspolitik des Bundes'[345]) nach späten und zunächst wenig befriedigenden Anfängen in immer enger werdender Kooperation mit der Bundesanstalt für Landeskunde und Raumordnung, zum Teil auch in Abstimmung mit Forschungsinitiativen des Beirates für Raumordnung – gute und seit der Konzipierung des ‚Mittelfristigen Forschungsprogramms Raumentwicklung und Siedlungsentwicklung (MFPRS)' auch systematisch-methodisch überzeugende analytische Ergebnisse vorweisen, während die Bearbeitung konzeptioneller Themen demgegenüber immer noch einen gewissen Rückstand aufzuweisen hat[346]).

---

[343]) S. a. K. H. HÜBLER: „Kritik zum strategischen Ansatz ...", ebenda.
[344]) S. a. H. J. v. d. HEIDE: „Raumordnung 1977 ...", Ziffer 13.
[345]) S. a. Raumordnungsbericht 1978, VI, S. 51.
[346]) S. a. „Mittelfristiges Forschungsprogramm Raumordnung und Städtebau", 1979, *Der Bundesminister für Raumordnung, Bauwesen u. Städtebau*, 1979.

Dieses zur Zeit besonders ausgeprägte Ungleichgewicht zwischen analytischen und konzeptionellen Forschungsansätzen müßte in den kommenden Jahren, angesichts der auf die Raumordnung zukommenden Probleme, durch eine Prioritätsverlagerung in der Forschungssteuerung zugunsten von konzeptionellen Forschungsansätzen wettgemacht werden, darunter auch solchen mit prognostischen Themenstellungen zur Erprobung der Szenario-Techniken[347]).

In diesen Zusammenhängen müßte auch die seit langem zu beobachtende Abschottung zwischen den Forschungsvorhaben der benachbarten Ressorts und die – auf Koordinierungsmängeln beruhende – Überschneidung in den Forschungsthemen und -prioritäten der betreffenden Ressorts behoben werden. Zu der damit angesprochenen Problematik der zwischenressortmäßigen Koordinierung und Information scheint auch immer noch zu gehören, daß Fachressorts nur selten geneigt sind, Forschungsergebnisse aus der Ressortforschung der Raumordnung aber mit starken Bezügen zu ihren eigenen Fachbereichen zu übernehmen und auch anzuwenden.

Aber auch abgesehen von derartigen ressortbedingten Erschwernissen kann es der Forschung im Bereich der Raumordnung niemals ausreichen, überwiegend zu analysieren, was war oder was ist, und warum es war oder so ist; vielmehr muß es – vor allem in einer Periode weitreichender und tiefgehender exogener Umstrukturierungen – ihre wichtigste Aufgabe sein zu ergründen, was vermutlich sein wird, und warum es so sein wird.

Entsprechend sollte die von der Bundesraumordnung ausgeübte Forschungssteuerung in den kommenden Jahren mit Vorrang solche Forschungsvorhaben initiieren und fördern, die darauf abstellen, ein Bild oder doch einzelne Facetten eines Bildes der zukünftigen sozio-ökonomischen und damit auch räumlichen Entwicklung in der Bundesrepublik Deutschland zu entwerfen[348]).

Mit der Setzung solcher Forschungsprioritäten könnten dann auch Umweltforschung als Teil der Raumordnung interpretiert und die zur Zeit eher auseinanderstrebenden Disziplinen Umweltschutz und Raumordnung unter zukunftsorientierten Parametern vereinigt und damit – auch politisch – gestärkt werden.

3.3 Fazit für die Prioritäten des Verwaltungshandelns in der Raumordnung auf der Ebene des Bundes

In diesem dritten Teil der Arbeit mag deutlich geworden sein, welche Folgen die geänderten Rahmenbedingungen der gesellschaftlichen und wirtschaftlichen Entwicklung auf die Tätigkeitsfelder und auf das Verwaltungshandeln der Bundesraumordnung bereits gehabt haben und auch weiter haben werden, und welche Konsequenzen die Raumordnung in ihren Arbeitsansätzen und -prioritäten daraus zu ziehen haben wird.

Solche Konsequenzen zeichnen sich vorab für die *Koordinierungsansätze* ab. Denn angesichts des sehr hohen Konsensbedarfs der Raumordnung des föderalistischen Staatswesens zwischen der Raumplanung des Bundes, der Landesplanung der Bundesländer und (wenn auch weniger gewichtig) der Regionalplanung auf Landes- oder kommunaler Ebene, der durch die überaus unglückliche Kompetenzverteilung zwischen diesen Ebenen weiter verstärkt wird, hat sich – allen Koordinierungsgremien zum Trotz – ein Konfliktpotential aufgebaut, das mit den bislang verfügbaren administrativen Instrumenten nicht mehr beherrscht werden kann,

---

[347]) S. a. SÄTTLER u. a.: „Strukturelle Veränderungen...", ebenda.
[348]) S. a. SÄTTLER u. a.: „Strukturelle Veränderungen...", ebenda, S. 1 ff.

und das die Mehrzahl der vertikalen Koordinierungsverfahren der Bundesraumordnung sehr stark und häufig bis zur deutlichen Ineffizienz belastet[349]).

An diesem wenig erfreulichen Zustand wird sich auch mittelfristig aus grundsätzlichen Erwägungen der Kompetenzaufteilung im föderalistischen Staatsaufbau kaum etwa ändern lassen. Es bietet sich daher an, die Koordinierungsfunktionen der Bundesraumordnung in Zukunft von vertikalen Abstimmungsverfahren stärker auf horizontale Abstimmungen zwischen den raumbedeutsamen Planungen und Maßnahmen der Bundesressorts zu verlagern. Ansätze dazu finden sich bereits im Raumordnungsbericht 1978 der Bundesregierung; sie sollten vermehrt in Richtung auf die angesprochene delegierte Federführung für die Bundesraumordnung weiterentwickelt werden[350]).

Im gleichen Sinne könnte sich die vorgeschlagene Delegation von Befugnissen raumbedeutsamer Ansprüche von Bundesressorts an private Wirtschaftskräfte (z. B. bei der Entwicklung innovativer Technologien) an die Raumordnung in ihrer zu erweiternden Funktion als ‚Ordnungsbehörde für räumliche Fragen von bundesweiter Bedeutung' auswirken[351]). Gerade hier könnte es im Rahmen der Umschichtung ihrer Tätigkeitsbereiche auch zu einer wesentlichen Verfestigung des Wirkungspotentials der Bundesraumordnung kommen.

Ähnliches gilt auch für die Auswirkungen der inzwischen kontrovers gewordenen Tendenzen der gesellschaftlichen Entwicklung auf die beiden Pflichtaufgaben der Bundesraumordnung.

Die Aussagekraft der *Raumordnungsberichte*, die seit 1978 erheblich abgesunken und zur Routine-Übung erstarrt scheinen, sollte einmal durch Wiedereinführung der Zweijahresfrist aktualisiert und für die Politiker innerhalb einer Legislaturperiode vergleichbar gemacht und zum anderen auch inhaltlich durch vermehrte Analysen und Wertungen bereichert werden, schon um ihren Informationswert und damit ihr politisches Gewicht zu erhöhen.

Das *Bundesraumordnungsprogramm* sollte keineswegs nur ‚fortgeschrieben', sondern angesichts seiner brüchig gewordenen Voraussetzungen und Zielsetzungen im wesentlichen neu konzipiert werden, und zwar mit ergänzten und verbreiterten Zielsystemen, die neben dem sozialstaatlichen Postulat auch den Ansprüchen und Zielen des ökologischen und des ökonomisch-funktionalen Postulats Rechnung zu tragen hätten.

Den unsicher gewordenen Zielvorstellungen über die künftige sozio-ökonomische Entwicklung der Bundesrepublik sollte dabei durch die Verwendung differenzierter angelegter Szenario-Techniken mit ausreichenden Alternativen unter Benutzung auch neu entwickelter raumanalytischer Instrumente (Funktionsräume, Leitfunktionen, Vorranggebiete u. dergl.) entsprochen werden.

Formal wäre das neu aufzustellende Bundesraumordnungsprogramm – aus den gleichen Gründen, die auch für die Verlagerung der Koordinierungsfunktionen von vertikalen auf horizontale Koordinierungsmechanismen sprechen – nach der oben dargestellten Alternative „2", also dem „Bundesmodell"[352]) zu entwickeln, das ja – bei Bedarf bzw. sofern die föderalistische Grundstruktur dies zulassen sollte – jederzeit zu dem zweiteiligen Modell „3" ausgebaut werden könnte. Dabei sollte aber nicht vergessen werden, daß bereits das – sich bescheidende –

---

[349]) S. a. K. H. HÜBLER: „Kritik z. strategischen Ansatz...", ebenda. Ziff. 2.
[350]) S. a. Raumordnungsbericht 1978, S. 5; s. a. Ziffer 3.21, S. 96 ff.
[351]) S. a. Ziffer 3.2.1, S. 65 ff.
[352]) S. a. Ziffer 3.2.5, S. 75 ff.

„Bundesmodell" sehr viel komplexer in seinen Wertungs- und Zielsystemen zu sein hat, als das bei dem heute geltenden „Kooperationsmodell" der Fall ist[353]).

In der *Grundlagenforschung* sollte der Erarbeitung zusätzlicher Grundlagen und Komponenten für die Erstellung der komplexer gewordenen Zielsysteme Vorrang gegeben werden, und hier besonders solchen Untersuchungen, die Wege für die dringend erforderliche Abstimmung zwischen den kontroversen Anspruchshaltungen der drei Grundpostulate aufzuzeigen und gangbar zu machen hätten.

Im *Außenverhältnis* des Bundes wird die Wahrnehmung über- und zwischennationaler Funktionen einen immer breiteren Raum einnehmen, weil abzusehen ist, daß die Europäische Verwaltung immer neue Bereiche an sich ziehen und bereits von ihr mitverwaltete zusätzlich intensivieren wird.

Außerdem werden für die Bundesraumordnung auch zusätzliche Aufgaben anfallen, die sich aus der Koordinierung und Zielabstimmung übernationaler Entwicklungen ergeben und aus der Notwendigkeit für die Festlegung übernational bedeutsamer (Funktions-)Räume und Standorte. Mit der fortschreitenden Integration der Europäischen Gemeinschaft werden derartige Aufgaben an Zahl und Gewicht weiter zunehmen, weil sie als räumlicher Ausdruck dieser Integration verstanden werden müssen und deren funktionsräumliche Bezüge zu präzisieren haben.

Schließlich wird auch das Gewicht zwischenstaatlicher Raumordnungspolitiken vermehrt und dazu auf immer mehr Sektoren zum Tragen kommen, auch dies als Ergebnis der fortschreitenden europäischen Integrationsbemühungen.

Alles in allem werden sich die Prioritäten des Verwaltungshandelns der Bundesraumordnung auf vielen Gebieten verändern. Die Abwägung zwischen Rückstufungen von Prioritäten und Aufgabenverlusten einerseits und Aufstufungen und Aufgabengewinnen andererseits wird aber – entgegen der vielfach vertretenen Meinung über die künftige Rolle der Raumordnung und deren politische Bedeutung – zu überwiegend positiven Ergebnissen führen, bei denen das Mehr an Aufgaben und deren Bedeutungssteigerungen das zweifellos ebenfalls vorhandene Weniger an Aufgaben und Bedeutung deutlich übertreffen sollte[354]).

---

[353]) S. a. Ziffer 3.2.5, S. 76 f.
[354]) S. a. W. ERNST: „Zur staatlichen Verantwortung...", ebenda, 3.1.

4. Zusammenfassung

Am Ende dieser Untersuchung stehen sicherlich strittige Thesen und unstrittige Erkenntnisse und Einsichten dicht nebeneinander, wie es ja zum Wesen räumlichen Planens gehört, grundsätzlich aus der Unsicherheit heraus handeln und eben planen zu müssen. So ist räumliches Planen mit der Definition eines ‚zielgerichteten Handelns im Raum' ohnehin nur bedingt richtig beschrieben; vielmehr müßte es genauer heißen: ‚zielgerichtetes Handeln aus der völligen Unsicherheit im Raum heraus'.

Eingedenk dieser immer wieder zutage tretenden Unsicherheit sollten die Ergebnisse und Thesen der Arbeit methodisch unterteilt werden nach:
- Umwertungen von Rollen und Aufgabenstellungen der Raumordnung
- Umwertungen und Veränderungen von vorgegebenen Zielen und Prioritäten und
- Wertungs- und Lösungsansätzen.

4.1 Umwertungen von Rollen und Aufgabenstellungen der Raumordnung

4.1.1 Zum Rollenverständnis

Vorab wurde deutlich zu machen versucht, daß Raumordnung als öffentliche Aufgabe weder absolute Ordnungsprinzipien vertreten, noch dem ‚Raum an sich' gelten kann, sondern stets nur den Menschen im Raum unter den Rahmenbedingungen der jeweiligen Gesellschaft und unter deren Prioritäten und raumbedeutsamen Bezügen. Entsprechend wurde dem häufig hervorgehobenen Prinzip der Bindung der Menschen an den Raum das durchaus andersartige Prinzip der Freiheit (Freizügigkeit) des Menschen im Raum und der Loslösung von den Beschränkungen des begrenzten Raumes, als das ethisch höherstehende und den Bedingungen unserer Gesellschaft besser gerecht werdende Prinzip gegenübergestellt[355]).

Eine weitere These der Untersuchung galt sodann der bislang verfochtenen Auffassung über die grundgesetzliche Ableitung der öffentlichen Aufgabe ‚Raumordnung' und über die daraus resultierenden Interpretationsspielräume bei der Formulierung von Oberzielen. Es wurde der Nachweis zu führen gesucht, daß die Ableitung der Aufgabe ‚Raumordnung' als Ganzem aus Art. 72 (2) Nr. 3 GG ebenso auf einem Mißverständnis beruht wie die daraus gefolgerte Setzung des raumordnungspolitischen Oberziels der ‚Schaffung und Erhaltung gleichwertiger Lebensbedingungen in allen Gebieten der Bundesrepublik'[356]).

Dagegen wurde die Auffassung bekräftigt, daß die Artikel 2 (1), 20 (1) und 28 (1) GG als die eigentlichen Grundlagen der Raumordnung zu gelten haben[357]).

Ein wesentlicher Abschnitt der Untersuchung wurde der These gewidmet, daß Raumordnung als öffentliche Aufgabe jeder Gesellschaft sich niemals als originäre politische Gestaltungsaufgabe begreifen darf, sondern stets nur als – aus originären Politikbereichen, wie etwa der Sozial-, der Wirtschafts- und Finanz-, der Wehrpolitik, abgeleitete – angewandte politische Aufgabe, zur Umsetzung gesellschafts- oder wirtschaftspolitischer oder auch anderer originär-politischer Ziele in räumliche Kategorien und Strukturen sowie in Maßnahmen im Raum[358]).

---

[355]) S. a. Ziffer 1.2.3, S. 14 ff.
[356]) S. a. Ziffer 2.1.2, S. 33 ff.
[357]) S. a. ebenda
[358]) S. a. Ziffer 2.3.3, S. 57 ff.

Diese – einschränkende – Rollendefinition der Raumordnung kann auch nicht durch den Umstand verwischt werden, daß Raumordnung in der gegenwärtigen Periode einer Konsolidierung bei gleichzeitiger Umstrukturierung inmitten des originär-politischen Spannungsfeldes zwischen den – unter sich konträren – Grundströmungen dieser Enwicklungsphase steht, die im Rahmen der Arbeit als

- das ‚ökologische Postulat' zum Schutze der Umwelt, zum Teil auch unter Verweigerung weiterer Entwicklungen,
- das ‚ökonomisch-funktionale Postulat' zur Gewährleistung einer optimalen sozio-ökonomischen Entwicklung und Umstrukturierung unter raumfunktionalen Aspekten,
- das ‚sozialstaatliche Postulat' zur Gewährleistung einer sozial geprägten, auf gleichwertige Lebensbedingungen in allen Gebieten der Bundesrepublik abstellenden Entwicklung

bezeichnet werden[359]).

Vielmehr wird es die wichtigste Rolle der Raumordnung in dieser Periode aufeinander treffender Konsolidierung und Umstrukturierung sein müssen, die räumlichen Auswirkungen aus den gegensätzlichen Anspruchshaltungen der drei Postulate untereinander abzugleichen oder nach – dann hoffentlich vorhandenen – politischen Richtlinien räumlich-ganzheitlich zu gewichten.

Der Raumordnung mag dabei zugute kommen, daß sie einen Politikbereich vertritt, der selbst zwar nicht originär ist, dafür aber weitgehend übersektoral ausgebildet, und daß sie insoweit die Fähigkeit besitzt (oder doch besitzen sollte), die Dinge bzw. deren Auswirkungen im Raum ganzheitlich sehen und umsetzen zu können[360]).

Zur Eingrenzung auch der administrativen Rolle der Raumordnung wurden im Rahmen der Untersuchung mehrere Alternativen auf ihre jeweiligen inhaltlichen, rechtlichen und instrumentellen Möglichkeiten und Grenzen analysiert. Die Ergebnisse wurden in Form von 6 Thesen festgehalten. Auch hier ergab sich, daß überzogene administrative Rollenansprüche der Realität nicht standhalten und der Gesamtaufgabe ‚Raumordnung' mehr Schaden als Nutzen bringen[361]).

4.1.2 Eingrenzung der Aufgabenstellung

Aus diesen Erkenntnissen und Thesen zum Rollenverständnis der Raumordnung ließen sich auch bedeutsame Folgerungen für die Eingrenzungen, Wandlungen und Umgewichtungen der derzeitigen Aufgabenstellung im Rahmen der sich ändernden gesellschaftlichen Voraussetzungen ziehen.

Vorab zwingt die Einsicht in den – sowohl politisch wie administrativ begrenzten – Charakter der Raumordnung auch zu einer Zurücknahme des Anspruchsniveaus, das bislang schon den realen Möglichkeiten der Einflußnahme im pluralistisch verfaßten und föderalistisch aufgebauten Staatsgefüge der Bundesrepublik nicht entsprach, und schon insoweit Ursache vieler Enttäuschungen und vermeintlicher Rückschläge sein mußte[362]).

So entfällt der Anspruch auf Ausformulierung weitreichender Zielansätze – gar solcher mit gesellschaftsverändernden Zielrichtungen – vor der Einsicht in den nicht-originärpolitischen

---

[359]) S. a. Ziffer 2.3.1, S. 48 ff.
[360]) S. a. Ziffer 2.3.2, S. 53 ff.
[361]) S. a. Ziffer 2.2.4, S. 47 ff.
[362]) S. a. Ziffer 2.3.3, S. 57 ff.

Charakter der Raumordnung, da originäre politische Ziele nun einmal nicht durch nachgeordnete ‚angewandte' Politikbereiche modifiziert oder aufgehoben werden können[363]).

Die Zurücknahme des überzogenen Anspruchsniveaus bei der Aufgabenstellung wird sich im Ergebnis aber positiv auf die Praktizierung einer realistischeren Aufgabenstellung auswirken. Denn erst nach Aufgabe des Anspruches auf den Vorrang der Raumordnung vor den sektoralen Fachplanungen des Bundes werden diese sich zu tatsächlichen Abstimmungen ihrer raumbedeutsamen Teilpolitiken bereit finden, so daß die Verringerung des ursprünglich vertretenen Anspruchsniveaus gleichzeitig zu einer Stärkung der faktischen Einflußnahme der Raumordnung auf konkrete raumbedeutsame Entscheidungen führen könnte[364]).

Innerhalb dieses reduzierten oder doch qualitativ veränderten Rahmens möglicher Aufgabenstellungen werden sich die Umgewichtungen in den Dringlichkeiten und politisch motivierten Änderungen bislang verfolgter Ziele abzuspielen haben. Auch der Begriff ‚Raumordnungspolitik' wird sich insoweit qualitativ und inhaltlich verändern, weil mit dem reduzierten Anspruchsniveau der Raumordnung als solcher auch der dazu gehörige Politikbereich die dem entsprechende Wandlung in seinem Selbstverständnis nachvollziehen muß[365]).

4.2 Umwertungen und Veränderungen vorgegebener Ziele und Prioritäten

4.2.1 Überprüfung der ‚Oberziele'

Von Anfang an gehörte es zu den Hauptanliegen der vorliegenden Arbeit, die zumindest seit Inkrafttreten des Raumordnungsgesetzes geltenden sogenannten ‚Oberziele' der Raumordnung in der Bundesrepublik einer Überprüfung in bezug auf inhaltliche Vollständigkeit und Richtigkeit, Korrektheit der Ableitung aus dem Grundgesetz und Durchführbarkeit unter vielfach veränderten Verhältnissen zu unterziehen[366]).

Die Ergebnisse der Überlegungen um die grundgesetzliche Basis der ‚Oberziele' wurden bereits dargelegt. Auch inhaltlich ergaben sich an mehreren Stellen abweichende Auffassungen von den bislang geltenden Interpretationen, an denen sich der Dissenz des Verfassers mit diesen – seiner Meinung nach zu engen und allzu einseitig statisch-raumbezogen verstandenen und insoweit auch mobilitätsfeindlichen – Formulierungen ausdrückt.

Es wurde daher die These aufgestellt, wonach – auch abgesehen von der angedeuteten Angreifbarkeit des Oberziels ‚Schaffung und Erhaltung gleichwertiger Lebensverhältnisse in allen Gebieten der Bundesrepublik' – weder Artikel 2 noch Artikel 20 des Grundgesetzes damit voll abgedeckt, sondern im Gegenteil (ebenso wie der daraus abgeleitete § 1 (1) ROG), zumindest in der allgemein verwendeten Interpretation, deutlich eingeengt werden[367]).

Als Abhilfe wurde vorgeschlagen
auch die Chancen auf räumliche Veränderung des individuellen Lebensraumes und auf Veränderung der sozialen Rollen neben der Sicherung gleichwertiger Lebensverhältnisse als gleichrangige Bestandteile des individuellen Chancenbündels eines jeden Menschen auf Selbstverwirklichung und d. h. ‚zur freien Entfaltung der Persönlichkeit in der Gemeinschaft' anzuerkennen und in die Zielsysteme der Raumordnung einzubeziehen[368]).

---

[363]) S. a. Ziffer 2.2.1, S. 37 ff.
[364]) S. a. HÜBLER: „Kritik zum strategischen Ansatz...", ebenda, Ziff. 3.
[365]) S. a. „Wirtschaftl. u. sozialer Wandel in der BRD", Kap. VI, 3.1, S. 321.
[366]) S. a. Ziffer 2.1.2, S. 33 ff.
[367]) S. a. Ziffer 1.2.1, S. 10 ff. und Ziffer 2.1.2, S. 33 ff.
[368]) S. a. Ziffer 2.1.2, S. 36.

Weitere abweichende Auffassungen ergaben sich bei der Analyse der aus diesem Oberziel abgeleiteten – ebenfalls übergeordneten – Zielvorstellung des Bundesraumordnungsprogramms auf ‚Abbau großräumiger Disparitäten in den Lebensbedingungen zwischen den Teilräumen der Bundesrepublik'[369].

Hier wurde eingewandt, daß dieses raumordnungspolitische Oberziel
- grundsätzlich egalisierend angelegt ist und sich vorab an der vielfältigen, physisch bedingten Raumstruktur der Bundesrepublik stoßen muß, wie auch an den daraus resultierenden physischen, technologischen und ökonomischen Realitäten,
- durch seine egalisierende Zielrichtung physische, wie z. B. ökologische aber auch daraus abgeleitete soziale Besonderheiten in die Gefahr der Nivellierung geraten läßt,
- ausschließlich aus (angreifbaren) Ansprüchen des sozialstaatlichen Postulats entwickelt ist und weder den Ansprüchen des ökologischen Postulats noch den ökonomisch und funktionsräumlich motivierten Anforderungen des ökonomisch-funktionalen Postulats gerecht wird, sondern diesen weitgehend zuwiderläuft[370].

Entsprechend wird in der Arbeit die Auffassung vertreten, daß das Veränderungspotential zur Realisierung eines derartigen großräumigen Disparitätenausgleichs unendlich groß sein müßte, so daß der Zielansatz selbst – auch unabhängig von konjunkturellen Einflüssen – grundsätzlich irreal ist und die räumliche Entwicklung der Bundesrepublik eher negativ als positiv beeinflussen dürfte[371].

Statt dessen wird hier vorgeschlagen,
die geforderte Gewährleistung gleicher Chancen nicht mehr im Wege eines Ausgleichs räumlicher Disparitäten zu versuchen, sondern gerade aus der Anerkennung der raumstrukturellen Unterschiede auch spezifische Vorstellungen zu verwirklichen, die auf die unterschiedlichen Funktionen der Teilräume für die Gesamtheit der Bundesrepublik (Vorranggebiete, Funktionsräume) ebenso auszurichten wären, wie auf die – wesentlich davon geprägten – spezifischen Bedürfnisse der Bewohner[372].

4.2.2 Weitere Veränderungen von Zielen und Prioritäten

Die Überprüfung und Modifizierung der Oberziele der Raumordnung in der Bundesrepublik führt notwendigerweise auch zu einer Umgewichtung bzw. Ergänzung all solcher Zielansätze und Prioritäten, die vorwiegend oder ausschließlich von den Anspruchshaltungen des ‚sozialstaatlichen Postulats' unter Außerachtlassung der Anforderungen und Bedürfnisse der beiden anderen Postulate bestimmt wurden.

Dazu enthält die Untersuchung mehrere Ansätze, in denen die Auswirkungen sowohl des ökologischen Postulats mit den damit verbundenen Entwicklungsverweigerungen (Verweigerungssyndrome) als auch die verstärkt in Erscheinung tretenden Tendenzen angesprochen werden, die im Zuge der 3. (elektronischen) wirtschaftlichen Revolution auf eine weitreichende Umstrukturierung der Wirtschaft der Bundesrepublik hinwirken und insoweit das Gewicht des ökonomisch-funktionalen Postulats weiter verstärken[373].

---

[369] S. a. Bundesraumordnungsprogramm, I. 1, S. 1;
[370] S. a. Ziffer 1.2.1, S. 10 ff.
[371] S. a. Ziffer 1.2.1, S. 12.
[372] S. a. Ziffer 1.2.1, S. 12 f.
[373] S. a. Ziffer 2.3.1, S. 48 ff.

Die Anspruchshaltungen und strukturellen Auswirkungen dieser beiden Postulate beeinflussen den Raum der Bundesrepublik zunehmend in gegensätzlicher und vielfach auch unverträglicher Weise, nämlich zum einen in Form von Entwicklungshemmungen und zum anderen in Form von Entwicklungsanstößen, wobei das politisch lange vorherrschende Gewicht der sozialstaatlich motivierten Ausgleichsforderungen – dargestellt in dem sozialstaatlichen Postulat alter Art – deutlich zurückgedrängt wird[374]).

Während es somit die bislang fast ausschließliche Aufgabe der Raumordnung in der Bundesrepublik zu sein schien, die Ausgleichsziele dieser Art von sozialstaatlichem Postulat – häufig genug entgegen ökonomischer und selbst ökologischer Interessen – durchzusetzen, wird sich diese quasi konventionelle Grundsituation der Raumordnung wiederum von Grund auf zu ändern haben, und zwar als Folge der sich herausbildenden besonders heftigen Antinomie zwischen den beiden anderen, bisher eher zurückgedrängten Postulaten[375]).

Deren gesellschaftlich ausgewogene Einpassung in die vorhandene Raumstruktur wird daher auch mittelfristig zum wichtigsten Ziel der Raumordnung in der Bundesrepublik werden[376]).

Schließlich wird diese Umgewichtung der bislang maßgebenden, politisch ausdrücklich vorgegebenen Ziele und die damit bewirkte Veränderung in den Durchführungsansätzen, Prioritäten und Disponierungsspielräumen sowohl der Raumordnungspolitik als auch der Verwaltungsaufgabe Raumordnung, mit hoher Wahrscheinlichkeit auch zu einer Regenerierung und inneren wie äußeren Aufwertung der Aufgabe Raumordnung als solcher führen.

4.3 Wertungs- und Lösungsansätze

Zum Abschluß dieser Arbeit wird der Versuch unternommen, aus der Rückbesinnung auf Grunddaten einer jeden räumlichen Ordnung in der Bundesrepublik Deutschland auch zu Aussagen über die Effizienz, Einordnung und Verhältnismäßigkeit einer Raumordnungspolitik für die Bundesrepublik und für die Gewichtung der hierbei vertretbaren Ziele zu gelangen.

Dazu ist es vorab angebracht, sich auch solche raumbedeutsamen Tatsachen ins Gedächtnis zu rufen, die vielleicht als Binsenwahrheiten bezeichnet und damit abqualifiziert werden könnten.

So ist die Bundesrepublik Deutschland ein Land von hoher Siedlungsdichte bei – in Anbetracht der vorgegebenen physischen Verhältnisse – weitgehend optimaler Verteilung von Bevölkerung und Arbeitsplätzen[377]) und einer räumlichen Makrostruktur, die – im europäischen Maßstab – durch eine überaus gleichmäßige Verteilung der großen Verdichtungsräume mit ihren differenzierten Arbeitsplatz-Massierungen aber auch der nutzbaren großen Freiräume und selbst noch der kleineren Verdichtungen ausgezeichnet ist[378]).

Es ist anzunehmen, daß gerade diese räumliche Makrostruktur einer dezentralisierten Konzentration, die sich als besonders geeignet für eine arbeitsteilige Entwicklung von Wirtschaft und Gesellschaft erwiesen hat, auch wesentliche Voraussetzung für die unerwartet starke und dabei bislang noch ausgewogene Entwicklung der Gesamtwirtschaft der Bundesrepublik gewesen ist, ja eine solche Entwicklung überhaupt erst ermöglicht hat[379]).

---

[374]) S. a. *Beirat f. Raumordnung*, Empfehlungen v. 16.6.1976, S. 24 ff.
[375]) S. a. Ziffer 2.3.1, S. 48 ff.
[376]) S. a. Ziffer 2.3.1, S. 52.
[377]) S. a. *Beirat f. Raumordnung*, Empfehlung v. 14.9.1972, ebenda, S. 169.
[378]) S. a. HÜBLER: „Kritik zum strategischen Ansatz . . .", S. 3; s. a. v. BÖVENTER: „Standortentscheidung . . .", S. 292 ff.
[379]) S. a. SÄTTLER u. a.: „Strukturelle Veränderungen . . .", ebenda, S. 37 f.

Entsprechend sind die noch vorhandenen Unterschiede in den allgemeinen Lebensverhältnissen der einzelnen Teilräume der Bundesrepublik – etwa in Bezug auf allgemeine Versorgung, Ausbildung und selbst Einkommen – verglichen mit den Verhältnissen aller anderen europäischen Länder äußerst gering[380]).

Unter diesen Umständen scheint es wenig sinnvoll, in – anfechtbarer – Interpretation des Sozialstaatsprinzips des Grundgesetzes an einer Raumordnungspolitik festzuhalten, die als Oberziel noch weitergehende Abgleichungen zwischen den verbliebenen, unterschiedlich strukturierten Teilräumen des Landes anstrebt[381]).

Denn entweder bleibt eine solche Politik wirkungslos, weil sie im Gegensatz zu den eigentlichen Wirkungskomponenten der gesellschaftlichen Entwicklung steht und keiner inneren Notwendigkeit entspricht, oder sie führt zu weiteren Egalisierungen des zur Zeit noch ausreichenden Potentials an Frei- und ökologischen Ausgleichsräumen und bringt diese damit in die Gefahr der Nivellierung und des irreversiblen Funktionsverlustes[382]).

Noch wesentlicher ist, daß die bislang leidlich einvernehmlichen gesellschaftlichen Grundauffassungen über die weitere Entwicklung des Landes mit dem überall zu beobachtenden Ansteigen umweltschützender und damit entwicklungshemmender Tendenzen einerseits, und dem sich gleichfalls immer stärker ausprägenden Entwicklungs- und Veränderungsdruck im Gefolge der 3. wirtschaftlichen Revolution andererseits, in gegensätzlich motivierte Grundströmungen auseinanderzubrechen drohen, deren Harmonisierung derzeit kaum möglich scheint aber mittelfristig zu einer Hauptaufgabe der Gesellschaftspolitik in der Bundesrepublik und damit auch der räumlichen Ordnung werden muß[383]).

Die ausgleichende Bewertung der Wirkungsfaktoren der im Rahmen dieser Schrift als ‚Postulate' bezeichneten drei Grundströmungen wird noch erschwert durch die Erkenntnis, daß jedes Postulat starke, wenn auch andersartige soziale Komponenten aufzuweisen hat, die zudem partiell gegeneinander wirken:
– Schutz eines menschenwürdigen Lebens und einer entsprechenden Umwelt das eine,
– Existenzsicherung durch Erhaltung und Schaffung von Arbeitsplätzen das zweite und
– Gewährleistung von Chancengleichheit für alle Bürger der Bundesrepublik das dritte.

Unter so veränderten Bedingungen ergibt sich ein Lösungsansatz für die künftige Raumordnung in der Bundesrepublik, der – basierend auf den Erkenntnissen und Thesen dieser Untersuchung – etwa wie folgt darzustellen ist:
1. Der Umfang und die Vielfalt der Anforderungen einer dicht siedelnden und hoch industrialisierten Bevölkerung an den Raum nimmt im Rahmen der fortschreitenden Arbeitsteilung nicht ab, sondern weiter zu.
2. Die Vielzahl räumlicher Anforderungen und Nutzungsansprüche trifft auf einen Raum, der sowohl als Ganzes als auch in den geforderten Einzelqualitäten begrenzt, in manchen Bereichen schon knapp ist, und dort bereits deutliche Überschichtungs- und Kollisionsmerkmale aufweist.
3. Aus vorgegebenen physischen, historischen und technologischen Gründen besitzen die einzelnen Teilräume der Bundesrepublik unterschiedliche und meist nicht oder nur schwer ver-

---

[380]) S. a. ebenda: Ziffer 7.9, S. 97;
[381]) S. a. Bundesraumordnungsprogramm, I. 1., S. 1 ff.
[382]) S. a. HÜBLER: „Einführende Bemerkungen zum Konzept der Vorranggebiete" im Rahmen der Sitzung d. Sektion II der ARL am 12.2.1976 in Würzburg.
[383]) S. a. Ziffer 2.3.1, S. 51 ff.

änderbare Eignungen (Begabungen) für die einzelnen Nutzungsansprüche und die ihnen entsprechenden, auf diese Räume zu projizierenden Funktionen.
4. Daraus und aus der Notwendigkeit der Berücksichtigung der gesellschafts- und wirtschaftspolitischen Sachzwänge und Rahmenbedingungen, die hier dargelegt wurden, resultiert die Forderung nach einer initiativeren Raumordnungspolitik.
5. Im Rahmen dieser modifizierten Raumordnungspolitik wird das bislang geltende Primat des sozialstaatlichen Postulats alter Prägung aufgegeben zugunsten von 3 gleichrangigen Oberzielen:

- dem Ziel einer bestmöglichen Entwicklung der Teilräume der Bundesrepublik nach ihrer jeweiligen Eignung unter funktionsräumlichen Gesichtspunkten (entsprechend dem ökonomisch-funktionalen Postulat und den Grundsätzen einer funktionsräumlichen Arbeitsteilung),
- dem Ziel einer Erhaltung und Sicherung der Umwelt und der natürlichen Lebensgrundlagen in dem funktionsräumlich möglichen und zu verantwortenden Ausmaß (entsprechend dem ökologischen Postulat),
- dem Ziel der Gewährleistung der Chancengleichheit für alle Bürger der Bundesrepublik unter Einbeziehung der Chancen inner- und interregionaler Mobilität (entsprechend dem modifizierten sozialstaatlichen Postulat).

Während die bisher geübte Abstimmung raumordnerischer Ziele so gut wie ausschließlich nach den Maßstäben des einen sozialstaatlich fundierten Oberziels erfolgen konnte, wird an deren Stelle die ständige Abwägung zwischen den drei gleichberechtigten Oberzielen zu treten haben.

Bei der unterschiedlichen Art und Ausrichtung der drei Zielgruppen werden wirklich ausgewogene, übersektorale und interessenübergreifende Abgleichungen und Koordinierungsverfahren nur durch eine Raumordnung zu leisten sein, die ihre Rolle als ganzheitlich angelegtes Ordnungsinstrument in interessenneutraler und das heißt zugleich dienender Funktion begreift und gerade in dieser Beschränkung über ein gesteigertes Prestige im politischen wie auch im administrativen Raum verfügen sollte.

Die Bewältigung dieser gesellschaftspolitischen Abstimmungsaufgabe wird in den nächsten Jahren zur schieren Lebensnotwendigkeit für die weitere Entwicklung der Bundesrepublik werden. Um sie leisten zu können, wird somit auch das Wirkungspotential des Instrumentes ‚Raumordnung' entsprechend gestärkt und erweitert werden müssen.

Literaturverzeichnis

H. Afheldt: „Der Wachstumsschock" in ‚Struktur' 4/1976, S. 82 ff;
- „Konsequenzen der internationalen Arbeitsteilung für die Regionalpolitik im Inland" in ‚Informationen zur Raumentwicklung', Heft 4/1979, S. 203 ff;

Akademie für Raumforschung und Landesplanung: Jahresbericht 1977, S. 50 f;

Beirat für Raumordnung:
- „Zielsystem für die räumliche Entwicklung der Bundesrepublik Deutschland", Empfehlung vom 23.10.1971, Bonn 1972;
- „Zielsystem zur räumlichen Ordnung und Entwicklung der Verdichtungsräume in der Bundesrepublik Deutschland", Empfehlung vom 14.9.1972, Bonn 1972;
- „Stellungnahme zum Entwurf eines Bundesraumordnungsprogramms" vom 12.3.1974; nicht veröffentlicht;
- „Stellungnahme zum Entwurf des Bundesraumordnungsprogramms" vom 3.7.1974 in ‚Raumordnungsbericht 1974', Anhang 7, Schriftenreihe des BMBau 06004, Bonn 1975;
- „Empfehlung zur europäischen Raumordnungspolitik" 1975;
- Empfehlungen vom 16.6.1976; BMBau Bonn 1976:
  - „Die Gültigkeit der Ziele des Raumordnungsgesetzes und des Bundesraumordnungsprogramms unter sich ändernden Entwicklungsbedingungen",
  - „Gesellschaftliche Indikatoren für die Raumordnung",
  - „Berücksichtigung europäischer Aspekte bei der Fortentwicklung der Raumordnungspolitik der Bundesregierung",
  - „Sicherung der natürlichen Lebensgrundlagen"

Bundesraumordnungsprogramm:
- „Raumordnungsprogramm für die großräumige Entwicklung des Bundesgebietes", Schriftenreihe des BMBau 06.002, Bonn 1975;

B. Berry: „The Geography of the United States in the Year 2000" in ‚Regional Policy', Cambridge (Mass.) 1975, S. 132;

Biehl, Hussmann, Rautenberg, Schnyder, Südmeyer: „Bestimmungsgründe des regionalen Entwicklungspotentials", Tübingen 1975;

E. v. Böventer: „Die räumlichen Wirkungen von öffentlichen und privaten Investitionen" in ‚Grundlagen der Infrastrukturplanungen in wachsenden Wirtschaften', Berlin 1971, S. 169 ff;
- „Standortentscheidungen und Raumstruktur", Veröffentlichungen der ARL, Abhandlungen Band 76, Hannover 1979;

U. Brösse: „Raumordnungspolitik als integrierte Entwicklungspolitik" Band 97 der Schriftenreihe der ‚Kommission für wirtschaftlichen und sozialen Wandel', Göttingen 1975;
- „Kleinräumige Vorranggebiete als integraler Bestandteil ausgeglichener Funktionsräume" in W. Ernst, G. Stepper, D. Marx u. a.: ‚Beiträge zum Konzept der ausgeglichenen Funktionsräume', Münster 1977, S. 91 ff;
- „Zur begrifflichen Klärung und Abgrenzung des Konzepts funktionsräumlicher Arbeitsteilung" in ‚Raumforschung und Raumordnung', Heft 3/1977;
- und H. Weyl: „Kennzeichnung der wesentlichen Bezugsgegenstände einer funktionsräumlichen Arbeitsteilung" in ‚Funktionsräumliche Arbeitsteilung im Bundesgebiet', Forschungsberichte der ARL, noch nicht publiziert;
- „Regionalpolitik zwischen Wirtschaftspolitik und Raumordnungspolitik" ‚Jahrbuch für Sozialwissenschaft', Band 28/1977, Heft 3;
- „Räumliche Funktionsbestimmung" in ‚Handbuch der Raumplanung';

H. Böhme: „Entwicklungsländer, weltwirtschaftlicher Strukturwandel und die Zukunft des Seeverkehrs" in ‚Internationales Verkehrswesen', 27 (1975) 5;

F. Buttler, K. Gerlach, P. Liepmann: „Grundlagen der Regionalökonomie", Reinbek b. Hamburg, 1977;

H.-B. Beus: „Rechtsprobleme bei der Ausgestaltung der Raumordnung und Landesplanung als Entwicklungsplanung", Beiträge zum Siedlungs- und Wohnungswesen und zur Raumplanung, Münster 1978; **„Die Raumordnung in der Bundesrepublik Deutschland"**. Gutachten der Sachverständigen-Kommission (SARO-Gutachten), Stuttgart 1961;

B. Dietrichs: „Theoretische Grundlagen für das Bundesraumordnungsprogramm", in ‚Raumordnung und Verwaltungsreform', Beiträge zum Siedlungs- und Wohnungswesen und zur Raumplanung, Münster 1973;
- „Vor- und Nachteile der Verwendung von Input-Indikatoren in der Regionalpolitik" in R. Thoss, H. Weyl, H. J. Ewers, B. Dietrichs: ‚Gesellschaftliche Indikatoren als Orientierungshilfe für die Regionalpolitik', Materialien zum Siedlungs- und Wohnungswesen und zur Regionalplanung, Bd. 10, Münster 1974;
- „Grenzen einer gesamträumlichen Planung" in ‚Raumordnung auf neuen Wegen? Chancen und Bedingungen gleichwertiger Lebensverhältnisse im Bundesgebiet', Schriftenreihe der Bundeszentrale für politische Bildung, Band 112, Bonn 1975;
- „Präambel" in ‚Funktionsräumliche Arbeitsteilung im Bundesgebiet', in Vorbereitung befindlicher Beitrag der ARL, noch nicht veröffentlicht;

E. Dittrich: „Raumordnung und Leitbild", Bonn 1962;

Erklärung der Bundesregierung vom 12.4.1977: Deutscher Bundestag, 8. Wahlperiode, Drucksache 8/275 vom 14.4.1977;

W. Ernst: „Zur staatlichen Verantwortung für umweltbelastende Entscheidungen" in ‚Baurecht', Heft Nr. , 1978;
- U. W. Hoppe: „Das öffentliche Bau- und Bodenrecht, Raumplanungsrecht", München 1978;

D. Fürst: „Industrielle Standortanforderungen im Wandel – Auswirkungen auf die Regionalstruktur aus der Sicht der Planung" in ‚Stadtbauwelt 57' 1978, S. 37 ff;
- mit K. H. Hansmeyer u. K. Zimmermann: „Infrastruktur und unternehmerische Standortentscheidungen", in ‚Ausgeglichene Funktionsräume. Grundlagen für eine Regionalpolitik des mittleren Weges', Hannover 1975, S. 117 ff.;

K. Ganser: „Großräumige und kleinräumige Konflikte in der Verteilung von Arbeitsplätzen" in ‚Stadtbauwelt 57', März 1978;
- u. S. Dupke: „Behördenstandorte als Instrument der Raumordnung" in ‚Informationen zur Raumentwicklung', H. 1/1975;
- „Schwerpunkte und neue Akzente in der Ressortforschung für Raumordnung und Stadtentwicklung" in ‚Informationen zur Raumentwicklung' (1976) 10/11, S. 507;

H. Giersch: „Die Zukunft Europas – Chancen für eine reife Volkswirtschaft" in ‚Frankfurter Allgemeine Zeitung' v. 24.2.1979;

G. Hartkopf: „Möglichkeiten und Grenzen einer ökologisch orientierten Umweltpolitik in den 80er Jahren", Pressedienst des BMI vom 21. März 1979;

H. J. v. d. Heide: „Raumordnung 1977 in rechtlicher Sicht" in ‚Der Landkreis' 1977, S. 242 f;

P. Hofer: „Veränderte wirtschaftliche Rahmenbedingungen als Vorgaben für die Raumordnungsprognose 1990" in ‚Informationen zur Raumentwicklung' (1977) 1/2, S. 27 ff;

K. H. Hübler: „Koordinierung raumwirksamer Maßnahmen – ein Gesetzesauftrag und seine Problematik" in ‚Raumordnung auf neuen Wegen?' Schriftenreihe der Bundeszentrale für politische Bildung, Heft 112, Bonn 1975, S. 54 ff;
- „Einführende Bemerkungen zum Konzept der Vorranggebiete" anläßlich der Sitzung der Sektion II der ARL am 12.2.1976 in Würzburg, als Manuskript vervielfältigt;
- „Großräumige Vorranggebiete als Gegenkonzeption zu ausgeglichenen Funktionsräumen" in ‚Materialien zum Siedlungs- und Wohnungswesen und zur Raumplanung', NF Band 15, Münster 1977;
- „Arbeitnehmerorientierte Raumordnungspolitik – Scheinalternative oder Aufbruch zu neuen Ufern?" in ‚Raumforschung und Raumordnung' 36. Jahrgang, H. 1/2, April 1978, S. 75 ff;
- „Kritik zum strategischen Ansatz der Bundesraumordnung – Vorschläge einer Umorientierung", in „Raumforschung und Raumordnung", Heft 3–4/1979, S. 129 f;

K. H. Hübler, E. Scharmer, K. Weichtmann, S. Wirz: „Zur Problematik der Herstellung gleichwertiger Lebensverhältnisse", Forschungsauftrag der ARL, Veröffentlichung vorbereitet;

H. Hunke: „Raumordnungspolitik – Vorstellung und Wirklichkeit", Hannover 1974;

M. Jungblut: „Heinzelmann oder Killer" in ‚Die Zeit' Nr. 11, vom 9.3.1975;

Kommission für wirtschaftlichen und sozialen Wandel:
- „Wirtschaftlicher und sozialer Wandel in der Bundesrepublik Deutschland", Göttingen 1977;

K. Kummerer, N. Schwarz, H. Weyl:
- „Strukturräumliche Ordnungsvorstellungen des Bundes", Band 102 der Schriften der ‚Kommission für wirtschaftlichen und sozialen Wandel', Göttingen 1975;

D. Marx: „Raumordnungsprobleme bei wirtschaftlichem Wachstum" in ‚Zeitschrift für die gesamte Staatswissenschaft', 121. Bd. 1. Heft, Tübingen 1965;
- „Zur Konzeption ausgeglichener Funktionsräume als Grundlage einer Regionalpolitik des mittleren Weges" in ‚Ausgeglichene Funktionsräume, Grundlagen für eine Regionalpolitik des mittleren Weges', Hannover 1975;
- „Die Schaffung ausgeglichener Funktionsräume als Strategie für Raumordnung und Landesentwicklungsplanung" in W. Ernst, G. Stepper, D. Marx u. a.: ‚Beiträge zum Konzept der ausgeglichenen Funktionsräume', Münster 1977, S. 63 ff (Materialien zum Siedlungs- und Wohnungswesen und zur Raumplanung Band 15);

„Mittelfristiges Forschungsprogramm Raumordnung und Städtebau 1975", BMBau, Bonn 1979;

J. Möller: „Perspektiven und Probleme räumlicher Entwicklungen", Band 104 der Schriften der ‚Kommission für wirtschaftlichen und sozialen Wandel', Göttingen 1975;

F. Naschold, W. Väth: „Raumstrukturelle Entwicklungspolitik als Strategie langfristiger Arbeitsplatzsicherung" in ‚Die Neue Gesellschaft', 23. Jg., Heft 6/1976;

H. Obermann: „Ziele und Maßnahmen einer ökologisch ausgerichteten Agrarpolitik", Vortrag vor der ‚Europäischen Akademie Berlin' vom 21.1.1976; als Manuskript vervielfältigt;

J. Plogmann: „Zur Konkretisierung der Raumordnungsziele durch gesellschaftliche Indikatoren", Band 44 der ‚Beiträge zum Siedlungs- und Wohnungswesen und zur Raumplanung', Münster 1977;

Raumordnungsbericht 1972 der Bundesregierung: Deutscher Bundestag, 6. Wahlperiode, Drucksache VI/3793, Bonn 1972;

Raumordnungsbericht 1974: Schriftenreihe des BMBau 06.004, Bonn 1974;

Raumordnungsbericht 1978: Deutscher Bundestag, 8. Wahlperiode, Drucksache 8/2378, Bonn 1978;

Raumordnungsprognose 1990: Schriftenreihe des BMBau 06.012, Bonn 1977;

K. Roesler und W. Stürmer, Prognos AG:
- „Koordinierung in der Raumordnungspolitik", Band 61 der Schriften der ‚Kommission für wirtschaftlichen und sozialen Wandel', Göttingen 1975;

P. G. Rogge: „Tendenzwende – Wirtschaft nach Wachstum", Stuttgart 1975;

M. Sättler, G. Isenberg, H. Weyl:
- „Strukturelle Veränderungen in Verdichtungsräumen – Arbeitsplätze", Schriftenreihe des BMBau 06.030, Bonn 1978;

F. W. Scharpf und F. Schnabel: „Steuerungsprobleme der Raumplanung", Beiträge Band 27 der ARL, Hannover 1979;

D. Schröder: „Standortplanung und Raumpolitik" in ‚Standortpolitik und Unternehmensplanung', PROGNOS Basel, 1975, S. 8 ff;

J. Schulz zur Wiesch: „Regionalplanung ohne Wirkung? – Überlegungen zur Situation der übergemeindlichen Planung" in ‚Archiv für Kommunalwissenschaften' 1978, 1. Halbjahresband, S. 21;

W. Selke: „Neue Prognosen für die Raumordnung – Einführung" in ‚Informationen zur Raumentwicklung' Heft 1/2 1977;
- „Der Bevölkerungsrückgang in der Bundesrepublik Deutschland und seine Bedeutung für die Raumordnungspolitik" in ‚Zur Bedeutung rückläufiger Einwohnerzahlen für die Planung', Forschungs- und Sitzungsberichte Band 122 der ARL, Hannover 1978;

G. Stiens: „Ausgeglichene Funktionsräume. Ausweg aus der Dichotomie im raumstrukturbezogenen Denken" in ‚Struktur' H. 6/1976;
- „Alternative Gesichtspunkte zur großräumigen Bevölkerungsentwicklung" in ‚Informationen zur Raumentwicklung', Heft 12/1977, S. 889 ff;
- „Landesforschung im Raumplanungsprozeß", Forschungen zur Raumentwicklung, Bonn 1977, S. 48 ff;

R. Thoss: „Indikatoren für die Qualität des Lebens: Probleme der regionalstatistischen Definition und der regionalpolitischen Interpretation" in ‚Gesellschaftliche Indikatoren als Orientierungshilfe für die Regionalpolitik", Band 10 der Materialien zum Siedlungs- und Wohnungswesen und zur Raumplanung, Münster 1974, S. 9 ff;
- „Planung unter veränderten Verhältnissen – ökonomische Aspekte" in ‚Forschungs- und Sitzungsberichte der ARL', Band 108, S. 15 ff, Hannover 1976;
- „Ziele für die Landesentwicklung und ihre Konkretisierng durch Indikatoren" in ‚Der Landkreis' 46 (1976), S. 194 ff;
- „Der Auftrag der Raumordnungspoltik – Ausgangslage, Ziele und Instrumente", Vortrag im Deutschen Institut für Urbanistik, Berlin am 28.2.1977, als Manuskript vervielfältigt;
- „Zur Integration ökologischer Gesichtspunkte in die Raumordnungspolitik", Münster 1977;

W. Treue: „Wirtschaftsgeschichte der Neuzeit", Stuttgart 1962;

P. Treuner: „Thesen zu neuen Tendenzen der räumlichen Entwicklung" in ‚Raumforschung und Raumordnung', Heft 4/1975, S. 162 ff;

J. Umlauf: „Wesen und Organisation der Landesplanung", Essen 1958;
- „Zum Verhältnis von Umweltschutz und Raumordnung" in ‚Raumforschung und Raumordnung', 30. Jahrgang 1972;

F. Voigt, H. Kreuter, J. Galonska, K. Müller:
- „Auswirkungen der europäischen Integration auf die großräumige Entwicklung in der Bundesrepublik Deutschland", Schriftenreihe des BMBau 06.010, Bonn 1976;

Vorschläge „Für eine arbeitnehmerorientierte Raumordnungs- und Regionalpolitik", Erklärung zur Raumentwicklung in der Bundesrepublik Deutschland, unterzeichnet von 100 Planern, Wissenschaftlern und Gewerkschaften, in ‚Blätter für deutsche und internationale Politik', 12/1977, Köln;

F. Wagener: „Zweckmäßig abgegrenzte Räume für die Raumordnungspolitik" in IzRE 1. 1976, S. 57 ff;

H. Weyl: „Strukturveränderung und Entwicklungsplanung" in ‚Informationen des Instituts für Raumordnung' 19. Jahrgang, Nr. 16/1969;
- „Inwieweit sind Indikatoren für Teilbereiche der Qualität des Lebens untereinander substituierbar?" in ‚Gesellschaftliche Indikatoren als Orientierungshilfe für die Regionalpolitik', Band 10 der Materialien zum Siedlungs- und Wohnungswesen und zur Raumplanung, Münster 1974, s. 21 ff;
- „Räumliches Entwicklungspotential, eine Grobübersicht" in ‚Raumforschung und Raumordnung', 6/1976;
- „Die Beratungsergebnisse der Arbeitsgruppe ‚Ziele' des Beirates für Raumordnung" in ‚Funktionszuweisungen für Flächen in der Raumordnung', Arbeitsmaterial der ARL Nr. 1/1977, Hannover 1977;
- „Planerische und institutionelle Aspekte bei der Konzipierung kerntechnischer Anlagen" in ‚Standortvorsorgeplanung als Teil der Raumplanung', Arbeitsmaterial der ARL Nr. 21, Hannover 1979;
- „Die ‚Conférence Nationale d'Aménagement du Territoire' vom 6. und 7. Dezember 1978 in Vichy" in ‚Raumforschung und Raumordnung', Heft 1/1979;

H. Zimmermann, K. Anderseck u. a.:
- „Regionale Präferenzen, Wohnorientierung und Mobilitätsbereitschaft der Arbeitnehmer als Determinanten der Regionalpolitik", Bonn 1973;

Delegation a l'Amenagement du Territoire et a l'Action Regionale (DATAR):
- „Nouvelles orientations pour l'aménagement de la France", Conférence Nationale d'Aménagement du Territoire, Paris 1979;

Niederländisches Ministerium für Wohnungsbau und Raumordnung:
- „Verstädterungsnote" (Teil II des dritten Berichtes über die Raumordnung in den Niederlanden), Den Haag 1976;

Union Internationale des Chemins de Fer:
- „Plan Directeur du Chemin de Fer Européen de l'Avenir", Europarat, Straßburg 1975.

Abhandlungen
der Akademie für Raumforschung und Landesplanung

Band 76: Edwin von Böventer

Standortentscheidung und Raumstruktur

Aus dem Inhalt:

Teil I: Grundlagen		1
Kapitel 1:	Wirtschaftsbeziehungen im Raum	1
Kapitel 2:	Standortentscheidung und Raumstruktur	15
Teil II: Theorie der Bodennutzung und Bodenpreisbildung		47
Kapitel 3:	Entstehung von Renten und deren Funktion	47
Kapitel 4:	Theorie der Bodennutzung und Bodenpreisbildung: Angebot und Nachfrage nach Land	73
Teil III: Bodennutzung und Standortwahl		97
Kapitel 5:	Prinzipien der Bodennutzung: Landwirtschaft	97
Kapitel 6:	Prinzipien der Bodennutzung: Standorte städtischer Aktivitäten	125
Kapitel 7:	Prinzipien der Standortwahl: Unternehmungen im sekundären und tertiären Sektor	153
Teil IV: Strukturen im Raum		193
Kapitel 8:	Stadtgrößen und Stadtgrößenstrukturen	193
Kapitel 9:	Raumstrukturen und deren Entwicklung	223
Kapitel 10:	Regionalstruktur und Wachstum	253
Teil V: Schlußfolgerungen		283
Kapitel 11:	Anwendungen für die Regionalpolitik	283

Der gesamte Band umfaßt 322 Seiten; Format DIN B 5; 1979; Preis 72,– DM.

Auslieferung
HERMANN SCHROEDEL VERLAG KG · HANNOVER

Abhandlungen
der Akademie für Raumforschung und Landesplanung

Band 75: Hans-Gerhart Niemeier

Das Recht der Raumforschung und Landesplanung in der Bundesrepublik Deutschland

Aus dem Inhalt:

Vorwort	VII
Abkürzungen	IX
Literaturauswahl	XI
1. Begriffliche und geschichtliche Grundlagen	1
1.1 Landesplanung und Landesplanungsrecht	1
1.2 Die Entwicklung des Landesplanungsrechts nach dem Zweiten Weltkrieg	8
1.3 Begriffserklärungen	17
2. Bund und Länder in der Raumordnung	23
2.1 Zuständigkeiten in der Gesetzgebung	23
2.2 Die sachlichen Regelungen im Bundes- und im Landesrecht	26
3. Die Organisation der Landesplanung	34
3.1 Prinzipien des bundesdeutschen Verwaltungsaufbaus	34
3.2 Die Träger der Landesplanungsarbeit	37
3.3 Beiräte	56
4. Die Pläne der Landesplanung, ihr Entstehen, ihr rechtlicher Gehalt, ihre Bindungswirkung	58
4.1 Das Entstehen von Plänen der Landesplanung	58
4.2 Der rechtliche Gehalt der Pläne der Landesplanung	62
4.3 Die Rechtsformen der Pläne der Landesplanung	64
4.4 Die Bindungswirkung der Pläne der Landesplanung — Landesplanung und Fachplanungen —	65
4.5 Landesplanung und Bauleitplanung	69
5. Die Mittel zur Durchsetzung der Pläne der Landesplanung	72
5.1 Allgemeines	72
5.2 Beratung und Gutachten	72
5.3 Raumordnungsverfahren	73
5.4 Raumordnungsklauseln	74
5.5 Untersagung raumordnungswidriger Planungen und Maßnahmen	75
5.6 Zurückstellen von Baugesuchen	78
5.7 Planungsgebot	78
5.8 Interne Hilfsmittel der Landesplanung	79
6. Grenzüberschreitende Planung	84
6.1 Grundsätzliches	84
6.2 Hinweise im Raumordnungsgesetz	84
6.3 Planungen über binnendeutsche Ländergrenzen	85
6.4 Überschreitung von Regionalgrenzen innerhalb der Länder	88
6.5 Planung über die bundesdeutschen Grenzen	88
7. Entschädigungen und Kostenregelungen	91
7.1 Entschädigung aus Anlaß einer Untersagung raumordnungswidriger Planungen und Maßnahmen	91
7.2 Entschädigung aus Anlaß der Abänderung von Bauleitplänen	92
7.3 Kostenerstattungen für Regionalplanungen	94
7.4 Sonstige Entschädigungsmöglichkeiten	94
8. Schlußbewertung	95

Der gesamte Band umfaßt 95 Seiten; Format DIN B 5; 1976; Preis 28,— DM.

Auslieferung

HERMANN SCHROEDEL VERLAG KG · HANNOVER

SCHROEDEL 91716

Veröffentlichungen der Akademie für Raumforschung und Landesplanung
Abhandlungen

Band 55	UMLAUF, Öffentliche Vorleistungen als Instrument der Raumordnungspolitik, 1968, DIN B 5, 42 S.	15,– DM
Band 56	v. BORRIES, Ökonomische Grundlagen der westdeutschen Siedlungsstruktur, 1969, DIN B 5, 157 S.	vergriffen
Band 57	ISBARY / v. d. HEIDE / MÜLLER, Gebiete mit gesunden Strukturen und Lebensbedingungen; Merkmale und Abgrenzung mit gesondertem Kartenband, auch in englischer und französischer Sprache lieferbar, 1969, DIN B 5, 84 S.	34,– DM
Band 58	SCHWARZ, Analyse der räumlichen Bevölkerungsbewegung (mit Karten im Anhang), 1969, DIN B 5, 178 S.	48,– DM
Band 59	GEISENBERGER / MALICH / J. H. MÜLLER / STRASSERT, Zur Bestimmung wirtschaftlichen Notstands und wirtschaftlicher Entwicklungsfähigkeit von Regionen, 1970, DIN B 5, 164 S.	vergriffen
Band 60	LAUSCHMANN, Grundlagen einer Theorie der Regionalpolitik, 1970, DIN B 5, 265 S.	vergriffen
Band 61	ERNST / BONCZEK, Zur Reform des städtischen Bodenrechts, 1971, DIN B 5, 87 S.	28,– DM
Band 62	KLEMMER, Der Metropolisierungsgrad der Stadtregionen, 1971, DIN B 5, 118 S.	vergriffen
Band 63	WITT, Bevölkerungskartographie, 1971, DIN B 5, 190 S.	vergriffen
Band 64	SCHWARZ, Demographische Grundlagen der Raumforschung und Landesplanung, 1972, DIN B 5, 279 S.	45,– DM
Band 65	PFEIL, Großstadtforschung, Entwicklung und gegenwärtiger Stand, 2. Auflage, 1972, DIN B 5, 410 S.	68,– DM
Band 66	GUSTAFSSON, Grundlagen zur Zentralitätsbestimmung, 1973, DIN B 5, 116 S.	vergriffen
Band 67	LAUX, NAYLOR, ESCHBACH, Zum Standortproblem bei öffentlichen Einrichtungen, 1973, DIN B 5, 90 S.	vergriffen
Band 68	RUPPERT, SCHAFFER, Sozialgeographische Aspekte urbanisierter Lebensformen, 1973, DIN B 5, 51 S.	vergriffen
Band 69	BÖRNER, Planungsrecht für Energieanlagen – Vom Liberum Veto zur Planfeststellung –, 1973, DIN B 5, 56 S.	18,– DM
Band 70	HUNKE, Raumordnungspolitik – Vorstellungen und Wirklichkeit. Untersuchungen zur Anatomie der westdeutschen Raumentwicklung im 20. Jahrhundert in ihrer demographischen und gesamtwirtschaftlichen Einbindung, 1974, DIN B 5, 227 S.	48,– DM
Band 71	KLATT / KOPF / KULLA, Systemsimulation in der Raumplanung, 1974, DIN B 5, 143 S.	38,– DM
Band 72	OEST / KNOBLAUCH, Untersuchungen zu Arbeiten aus der Thematischen Kartographie mit Hilfe der EDV, 1974, DIN B 2, 258 S.	vergriffen
Band 73	STRASSERT, Regionale Strukturpolitik durch Wirtschaftsforschung – Ansatzpunkte und Probleme einer sektoralen Differenzierung der Regionalen Wirtschaftsförderung, 1976, DIN B 5, 73 S.	24,– DM
Band 74	OEST / KNOBLAUCH, Untersuchungen zu Arbeiten aus der Thematischen Kartographie mit Hilfe der EDV, 2. Teil, DIN B 5, 412 S.	29,– DM
Band 75	NIEMEIER, Das Recht der Raumordnung und Landesplanung in der Bundesrepublik Deutschland – eine systematische Darstellung, 1976, DIN B 5, 95 S.	28,– DM
Band 76	BÖVENTER, Standortentscheidung und Raumstruktur, 1978, DIN B 5, 322 S.	72,– DM
Band 77	OETTLE, Raumwirtschaftliche Aspekte einer Betriebswirtschaftslehre Verkehrs, 1978, DIN B 5, 154 S.	
Band 78	HEINZE / HERBST / SCHÜHLE, Verkehrsverhalten und verkehrsspezifisches Ausstattungsniveau in ländlichen Räumen, 1979, DIN B 5	
Band 79	WEYL, Funktion und Wirkungspotential der Raumodnung, 1979, DIN 101 S.	
Band 80	HÜBLER / SCHARMER / WEICHTMANN / WIRZ, Zur Problematik Herstellung gleichwertiger Lebensverhältnisse, 1980, DIN B 5	
Band 81	KÖNIG / SCHIMANKE, Räumliche Planungen im politisch-administrativen System der Länder, 1980, DIN B 5	im Druck